BASTEI
LÜBBE

Philipp Vandenberg studierte in München Germanistik und Kunstgeschichte. Ab 1965 ist er Autor und Redakteur bei großen Tageszeitungen und Illustrierten, seit 1975 freier Schriftsteller. Forschungsreisen führten ihn in den Mittelmeerraum, nach Afrika und Asien. Sein 1973 erschienenes Buch »Der Fluch der Pharaonen« wurde in 14 Sprachen übersetzt. Die »archäologische Biographie« der Nofretete war der nächste große Erfolg, 1977 erschien »Ramses der Große«.

Philipp Vandenberg

NOFRETETE, ECHNATON UND IHRE ZEIT

Die glanzvollste Epoche Ägyptens in Bildern, Berichten und Dokumenten

BASTEI LÜBBE

BASTEI-LÜBBE-TASCHENBUCH
Band 64093

Copyright © 1976 by Scherz Verlag, Bern und München
Alle Rechte beim Scherz Verlag, Bern und München
Lizenzausgabe mit Genehmigung des Scherz Verlages:
Gustav Lübbe Verlag GmbH, Bergisch Gladbach
Printed in Germany, Juli 1990
Einbandgestaltung: Roland Winkler
Titelbilder: Archiv für Kunst und Geschichte, Berlin
Satz: Fotosatz Froitzheim, Bonn
Druck und Bindung: Clausen & Bosse, Leck
ISBN 3–404–64093–4

Inhalt

Familienbild Amenophis' III. und Tejes mit drei Töchtern. Die sieben Meter hohe
Figurengruppe aus Kalkstein stammt aus der Tempelanlage Medinet Habu.

I   Ägypten vor Nofretete und Echnaton

Jeden Morgen, wenn über dem dürren Gestein am Ostufer des Nils die Sonne in den Himmel stieg, feierte der Ägypter den Sieg des Lichts über die Finsternis, die Macht des Lebens über den Tod, die Gewalt des Saatkorns über das Erdreich: Es war die Geburt des Sonnengottes Re und die Auferstehung des Totengottes Osiris. Seit früher historischer Zeit, als Cheops, Dedefre, Chefren und Mykerinos bei Gizeh und Abu Roach sich für die Ewigkeit pyramidenförmige Denkmäler setzten, betrachteten sich die Könige des Sieben-Millionen-Volkes in den fruchtbaren Ebenen des Nils als Söhne dieses Sonnengottes, des sichtbaren Lenkers des Lebens, und sie setzten ihm im Osten ihrer Residenzstadt Memphis auf einer Hügelkuppe einen Obelisk als Sitz der Morgensonne. Damals, drei Jahrtausende vor der Zeitwende, nannten die Ägypter ihre Gottkönige noch nicht Pharaonen, und auch von Dynastien war noch nicht die Rede.

Es dauerte nur ein paar Jahrhunderte, und die Macht der gewaltigen Pyramidenbauer begann zu bröckeln, bis im 23. Jahrhundert das unter ungeheueren Mühen errichtete Staatsgebäude einstürzte. Das *Alte Reich*, kaum vierhundert Jahre alt, war Geschichte. Zweihundert Jahre später gelang es Mentuhotep I. aus Theben, wieder zusammenzufügen, was Religion und Politik, geographische Lage und Vegetation zum Bersten gebracht hatten. Ein neues Staatsgebilde, in Ansätzen sozialistisch, doch ohne entsprechende Ideologie, etablierte sich: das *Mittlere Reich*. Sein Atem sollte indes nicht länger reichen als der des Alten Reiches. War dieses letztlich an seiner Religion erstickt, so rang jenes nach Luft ob des überorganisierten Beamtenapparates.

In dieser Agonie hatten die Nilvölker dem Ansturm der »Herrscher der Fremdländer«, asiatischer Fürsten, die man später Hyksos nannte, nichts entgegenzusetzen. Sechs Generationen lang regierten am Nil hurritische Könige, deren Namen die Ägypter nicht einmal auszusprechen vermochten, in einer Stadt Auaris, die sie im Delta errichteten, mit einem Gott Baal, den das Volk ratlos seinem Unglück bringenden Gott Seth gleichsetzte. Eine eigene Kultur kannten die Hyksos nicht; ihre Pferde und Streitwagen waren das einzige, was die Ägypter staunen machte.

Und wieder waren es Thebaner, die dem Lauf der Geschichte die Stirn boten. Könige mit Namen Ahmose, Amenophis und Thutmosis trieben die asiatischen Fremdlinge dorthin zurück, woher sie gekommen waren, und bauten einen neuen Staat auf, das *Neue Reich*, in dem Theben Hauptstadt war und Amun Reichsgott. Mit Ahmose begann im Jahre 1552 v. Chr. die 18. Herrscherdynastie. Es wurde die wohl bemerkenswerteste der ägyptischen Geschichte, eine Dynastie der Mütter.

Namenskartusche des Pharaos Thutmosis III.

Mütter spielten in den folgenden zweihundertfünfzig Jahren eine bisher nicht gekannte Rolle, weniger aus eigenem Antrieb als von den Zeitumständen gezwungen. Denn nur *einem* der dreizehn Könige der 18. Dynastie, Thutmosis I., war es vergönnt, als erwachsener Mann den Thron zu besteigen; die übrigen verloren ihre Väter, noch ehe sie ihren Kindersandalen entwachsen waren. Kraft göttlichen Gesetzes waren sie jedoch zur Thronbesteigung verpflichtet, und so kam den Müttern der Unmündigen besondere Bedeutung zu. Offizielle Ruhmesschriften verkündeten die Großtaten der Kindkönige – am Ruder der Prunkbarke, auf der Löwenjagd und mit dem »Bogen des Stärksten« –, Leistungen freilich, die sie wohl nie vollbracht hatten, die eher Wunschtraum waren, vor allem der Mütter, die für ihre kindlichen Söhne das schlingernde Staatsschiff lenkten. Die junge Dynastie war ständig vom Aussterben bedroht, so daß auch Söhne königlicher Konkubinen auf den Thron gelangten wie die vier »Thutmosiden«, denen ihr Königtum nicht an der Wiege gesungen wurde.

Hatschepsut, eine Tochter Thutmosis' I., war noch nicht zwanzig Jahre alt, als sie, um die Dynastie zu erhalten, ihren noch jüngeren Stiefbruder Thutmosis II. heiraten mußte, dessen historische Verdienste sich weitgehend auf einen Seitensprung mit einer Dienerin beschränkten, dem der langersehnte männliche Nachkomme entsproß. Den illegitimen Sohn erhob er als Thutmosis II. zum Mitre-

Namenskartusche der Königin Hatschepsut.

genten. Hatschepsut überließ diesem lebenden Beweis für den Fehltritt ihres Gatten die Reichsinsignien nur ungern, und nach dem frühen Tod ihres Gemahls versäumte sie keine Gelegenheit, ihren Stiefsohn zu demütigen. Zwei Jahrzehnte mußte er auf den Tod seiner Stiefmutter warten, und manche meinen, er habe sie schließlich selbst beseitigt. Jedenfalls bedurfte es großer Anstrengungen, sein Ansehen zu heben; doch es gelang ihm in über fünfzig Regierungsjahren ohne Frage. Zum ersten Mal wurde der König »Pharao« genannt, »großes Haus«. Der dritte Thutmosis baute sich zu einem der bedeutendsten Könige des alten Ägypten auf, er zog gegen den elenden Erbfeind Mitanni, den schon Ahmose, der Gründer der Dynastie, bekriegt hatte, und unternahm sechzehn weitere Feldzüge, die ihm Ruhm und seinem Reich Vasallen einbrachten. Der Glanz war jedoch von kurzer Dauer, denn sein Nachfolger, Amenophis II., sah die eben erst unterworfenen Gebiete wieder abfallen.

Zu dieser Zeit erprobten die Pharaonen erstmals jenes Prinzip, das später in der Geschichte so oft kopiert werden sollte: Es bestand darin, die Tochter seines größten Feindes zu heiraten. So tat es Thutmosis IV., der Sohn des zweiten Amenophis; er heiratete die Mitanni-Prinzessin Mutemwija, die orientalischen Pomp gewöhnt war und ihn auch am ägyptischen Hofe nicht missen wollte. Beider Sohn, Amenophis III., war etwa zehn Jahre alt, als er seines Vaters Thron besteigen mußte. Die eigentliche Lenkerin des Reiches war jedoch Mutemwija. Sie wußte aus eigener Erfahrung, daß der Pharao ruhig ein Schwächling sein konnte, wenn nur die Königin stark war, und so suchte sie als Frau für ihren Ältesten eine starke Persönlichkeit aus. Sie hieß Teje und war kaum älter als der junge Amenophis III. Wenn auch beide noch Kinder waren, so entwickelte doch Teje frühzeitig den Ehrgeiz, sich in die Staatsgeschäfte einzumischen.

Das war allerdings notwendig, denn abgesehen von einem Feldzug wenige Jahre nach seiner Heirat, ließ Amenophis III. außenpolitisch die Zügel schleifen. Fremdvölker fielen in die Grenzgebiete ein, die Vasallen zahlten keine Tribute mehr, Beistandsbitten wurden ignoriert.

Seinen einzigen Feldzug gegen Nubien, das Nachbarland im Süden, bauschte er weidlich auf, wie zahlreiche Stelen entlang des Weges, den er zurücklegte, bekunden. Eine dieser Stelen – sie wurde bei Assuan aufgefunden – trägt folgende Inschrift:

Symbol des Wohlstandes der 18. Dynastie: Scheunenvorsteher Iji.

»Jahr 5, 3. Monat (Achet), 2. Tag, da erschien Seine Majestät...
der König von Ober= und Unterägypten, Neb-Maat-Re, Erbe des
Re, Sohn des Re Amenthotep, Herrscher von Theben, geliebt von
Amun-Re und Chnum, dem Herrn des Kataraktes, dem Leben
gegeben werde.

Man kam, um der Majestät zu sagen: Der Abgefallene vom
elenden Kusch hat in seinem Herzen an Rebellion gedacht. Da war
Majestät kraftvoll bis zum Sieg und vollendete seinen ersten siegrei-
chen Feldzug. Majestät kam gegen sie wie der Flügelschlag des
Falken, wie Month in seinen Erscheinungen. Kühn war er beim
Töten, Hinschlachten und Abschneiden der Hände. 30 000 Mann
wurden gefangen. Dann ließ er aber von ihnen ab nach seinem
Wunsch, damit nicht der Same des elenden Kusch vernichtet würde.
Der Feind Ihnj, der Prahler inmitten seines Heeres, hatte den Löwen
nicht gekannt, der vor ihm war, nämlich Neb-Maat-Re, den wilden
Löwen, dessen Krallen das elende Kusch packten und der alle seine
Fürsten in ihren Tälern zertrat, so daß sie einer wie der andere in
ihrem Blut dalagen – der Sohn des Re Amenhotep Herrscher von
Theben, Herr der Kraft mit dem Bogen, der den Sieg liebt, dem
Leben, Dauer, Heil und Gesundheit gegeben werde wie Re ewig-
lich.«

Amenophis III. war ein Genußmensch und Schöngeist. Seine
Kolonien interessierten ihn nur deshalb, weil dort die Frauen anders
aussahen als am Nil – er hatte eine Schwäche für Ausländerinnen.
Im zehnten Jahr seiner Regierung heiratete er eine Tochter des
Mitanni-Fürsten Schutarna. Sie hieß Giluchepa. Wir kennen das
Hochzeitsdatum und die Umstände dieser Vermählung, weil ein
Skarabäus mit folgendem Inhalt darüber berichtet:

»Jahr 10 unter der Majestät Horus, Starker Stier, Amenophis,
Herrscher von Theben, dem Leben gegeben werde. Die große
königliche Gemahlin Teje, sie lebe, der Name ihres Vaters ist Juja,
der Name ihrer Mutter ist Tuja. Ein Wunder, gebracht Seiner
Majestät: Giluchepa, die Tochter des Fürsten von Nahrina, Schutarna, und die Besten ihres Harems, 317 Frauen.«

Der Harem Amenophis' III. war mindestens noch einmal so groß, und so nimmt es nicht wunder, daß der ohnehin kränkelnde Pharao für Staatgeschäfte und Staatsbesuche kaum mehr Zeit fand. Wenn wir die aus dieser Periode überlieferten Texte als repräsentativ betrachten, so zeigt sich, daß wirtschaftliches Wohlleben, Kunst und Kultur während seiner achtunddreißigjährigen Regierungszeit einen weit höheren Stellenwert einnahmen als Kriegszüge oder Friedensschlüsse. Wenn er Gedenkskarabäen herausgab – vergleichbar den heute üblichen Erinnerungsmedaillen – oder Botschaften in ferne Länder schickte, dann ging es um Frauen. In einem bitterbösen Brief an den Babylonierkönig Kadaschmancharbe beklagt sich der Pharao:

»Mir scheint, du willst aus der Verheiratung deiner Tochter mit mir [Amenophis hatte sich eine Babylonierprinzessin gewünscht] nur Kapital schlagen. Auch ich will Bruderschaft pflegen mit dir, aber ich bin verärgert über deine Gesandten, die wohl reiche Geschenke von mir nehmen, aber, nach Babylon zurückgekehrt, sagen, sie hätten nichts bekommen. Das haben sie schon zu deines Vaters Zeiten getan, und jetzt machen sie es wieder. So will ich ihnen lieber gar nichts geben, da sie mich doch in jedem Fall betrügen.«

Und als Postscriptum fügt Amenophis III. hinzu: »Du hast mir ja nur eine einzige Gabe Öl geschickt.« Er meint damit ein kostbares Duftöl, das Gesandte den Damen gern als Geschenk überreichten.

Auch Schutarnas Sohn Tuschratta ließ sich des Amenophis Gelüste teuer bezahlen. Seine ältere Schwester Giluchepa war mit dem Pharao seit seinem zehnten Regierungsjahr verheiratet, und Tuschratta hatte von seinem Vater Schutarna gelernt, wie man Prinzessinnen zu Höchstpreisen an den Mann bringt. Jahrelang diente Tuschratta dem König am Nil seine junge, hübsche Tochter Taduchepa an, und als Amenophis – inzwischen über vierzigjährig und von schlechter Gesundheit – auf das Angebot einging, da nannte der Mitannier seinen Preis: Gold, Silber, Elfenbein so viel er haben wolle, er selbst bot dafür eine respektable Mitgift: nämlich Pferde, Wagen, Waffen, Truhen, Kleidung und Geschirr.

Thutmosis III. (1490–1436), wird, nachdem er seine machthungrige Stiefmutter Hatschepsut beseitig hat, zu einem der bedeutendsten Pharaonen Ägyptens. Dieses Monumentalrelief vom 7. Pylon der Tempelanlage von Karnak zeigt ihn, wie er gleich ein paar Dutzend Feinde beim Schopf packt, um sie zu erschlagen. Insgesamt führte er 17 Feldzüge an und eroberte Syrien und Palästina. Im Süden schob er die Reichsgrenze bis zum vierten Nilkatarakt vor. Diesen Feldzug schildert ein anderes Relief am 7. Pylon.

Das Mädchen, um das es dabei ging, war zwölf bis vierzehn Jahre alt. Die kleine Taduchepa soll, so wird angenommen, niemand anderes als Nofretete gewesen sein. Der Meinungsstreit um Nofretetes Herkunft trennt bis heute die Ägyptologen in drei Lager. Die einen sehen Ti und Eje als ihre Eltern, weil Eje den Ehrentitel »Gottesvater« führte, der sonst nur dem Vater des Pharaos oder einer Pharaonin zustand. Aber Ti taucht in zeigenössischen Texten nur als »Erzieherin Nofretetes« auf, als »Kinderfrau«, womit nicht klar gesagt ist, ob Ti Nofretetes Erzieherin war oder die ihrer Kinder. Als Hilfskonstruktion führen jene Ägyptologen an, Ti sei vielleicht Ejes zweite Frau gewesen und Nofretetes Mutter früh verstorben. Die zweite Theorie sieht in Nofretete eine Tochter Amenophis' III. und seiner Frau Teje. Damit wäre zwar das außerordentliche Vertrauensverhältnis zwischen Teje und Nofretete erklärt, doch spricht dagegen die Tatsache, daß dieses verwandtschaftliche Verhältnis in keinem der zahlreichen gemeinsamen Texte und Darstellungen angesprochen ist und daß sie nirgends »Prinzessin« genannt wird. Vieles läßt darauf schließen, daß Nofretete aus Mitanni kam: ihr Name Nofretete, der etwa »die Schöne, die da kommt«, bedeutet, ihre äußere Erscheinung, ihre helle, beinahe europäische Hautfarbe und schließlich ihr Kult mit der neuen, monotheistischen Religion, der mit jener Enttäuschung erklärt werden könnte, die der Weggang aus einem Land von tausend Göttern in eines mit hundert anderen ihr bereitet hat. Und schließlich taucht in Amarna und später in Theben eine »Erbin« mit dem fremdländischen Namen Mutnedjemet auf, die mehrfach als Schwester Nofretetes bezeichnet wird und sich stets – wie an asiatischen Königshöfen üblich – von Zwerginnen bedienen läßt. Eine Mutnedjemet nahm später der Emporkömmling und Soldatenpharao Haremhab zur Frau, und dabei dürfte es sich wohl um jene Nofretete-Schwester handeln, aus deren verwandtschaftlichen Banden der Außenseiter Haremhab seinen Thronanspruch ableitete.

Wenn Nofretete jene Mitanni-Prinzessin war, um die Tuschratta und Amenophis jahrelang feilschten, dann traf sie in Theben um das

Der Heilige See mit dem Tempel von Karnak, wo sich beinahe alle Pharaonen der 18. Dynastie ein Denkmal setzten.

Jahr 1366 v. Chr. ein. Es war nicht gerade eine anziehende Erscheinung, die ihr bei ihrer Ankunft entgegentrat: Amenophis III. war nur hunderfünfzig Zentimeter groß, kahlköpfig, obwohl erst Mitte vierzig, und allem Anschein nach ein todkranker Mann. Weil seine Leibärzte ihm nicht mehr zu helfen wußten, hatte er sich aus Nofretetes Heimat ein wundertätiges Götzenbild, eine mitannische Ischtar-Statue, kommen lassen.

Es ist nicht erwiesen, ob der hinfällige Pharao Nofretete noch ehelichte, aber es ist wahrscheinlich. Tatsache ist, daß Neb-Maat-Re – so sein Thronname – zwei Jahre nach Eintreffen der Mitanni-Prinzessin im Palast von Malkata, westlich von Theben, starb und etwas abseits vom Tal der Könige bestattet wurde. Nofretete war, kaum siebzehnjährig, Witwe.

Das Erbe Amenophis' III. ist beachtlich, auch wenn er nicht zu den bedeutenden Pharaonen zählt. Das hat zwei Gründe: Mehr als zwanzig Jahre lang griff »die große königliche Gemahlin« Teje aktiv in die Regierungsgeschäfte ein. Sie war oberster Berater und – wenn sie ohne Hemmungen mit ausländischen Potentaten korrespondierte – sogar Stellvertreter des Pharaos. Außerdem standen Amenophis aber auch noch eine Reihe anderer hervorragender Persönlichkeiten zur Seite, allen voran sein Namensvetter Amenophis, genannt »Sohn des Hapu«, den der Pharao zum »Vorsteher aller königlichen Arbeitsvorhaben« gemacht hatte und der wegen seiner legendären Klugheit in griechisch-römischer Zeit sogar als Gott verehrt wurde. Der weise Schreiber Amenophis errichtete für seinen Herrn den Amun-Mut-und-Chons-Tempel von Luxor, er fügte dem Amun-Tempel von Karnak den dritten Pylon hinzu, erbaute auf dem westlichen Nilufer bei Theben, unweit dem Tal der Könige, auf einem 32-Hektar-Areal das »Haus der Festfreude«, einen Palast, der im ägyptischen Pharaonenkult neue Maßstäbe setzte. Verbunden durch eine Prachtstraße lag nur zwei Kilometer entfernt der Totentempel Amenophis' III.: »für immer und ewig«. Heute erinnern nur noch zwei zwanzig Meter hohe Kolossalstatuen an diesen Pharao. Mag er als Politiker unfähig gewesen sein, als Freund der

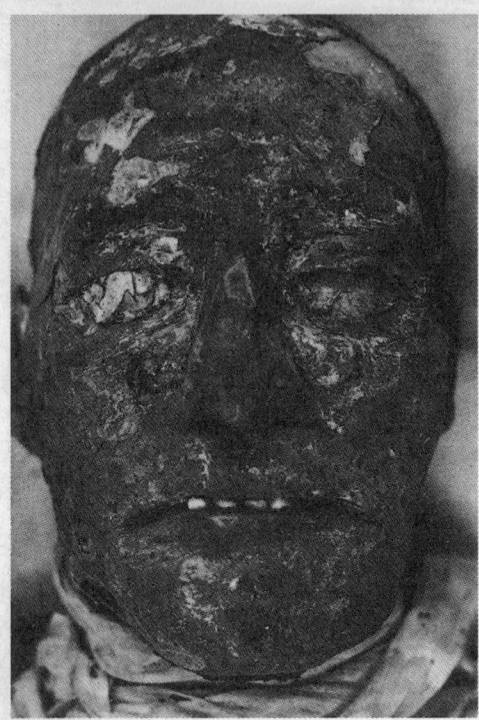

Der mumifizierte Kopf des Amenophis III. Der in seinen letzten Lebensjahren von schwerer Krankheit Gezeichnete war kahlköpfig, und seine unteren Schneidezähne waren ausgefallen, als er 45jährig starb.

schönen Künste war er einer der bedeutendsten Herrscher, und durchaus nicht nur, weil er einen deutlichen Hang zum Monumentalen, zum Gigantischen hatte. Er residierte nicht nur in seinem Prunkpalast in Theben-West, er lebte auch in Memphis und im Fajjum, wo er neue Paläste errichten ließ. Reste von Tempelbauten Neb-Maat-Res wurden auch in Athribis, Bubastis, Soleb und auf der Nilinsel Elephantine gefunden.

Es war ein undankbares Erbe, das sein Nachfolger Amenophis IV. anzutreten hatte. Nach außen hin stand das Reich in Blüte, der Wohlstand war offensichtlich, doch er täuschte darüber hinweg, daß das Staatsschiff in der Windstille politischer Konzeptionslosigkeit nur noch mit letzter Kraft segelte. Ein starker, erfahrener, soldati-

Der Säuleneingang Amenophis' III. im Tempel von Luxor. Jedes der sieben erhaltenen Säulenpaare ist 16 m hoch. Rechts die Abu'-l-Haggag-Moschee, die in islami-
scher Zeit auf dem First des bis in diese Höhe verschütteten Tempels errichtet wurde.
Im Hintergrund der große Pylon Ramses' II.

scher Herrscher war jetzt vonnöten, doch es kam ein Schwächling, ein Träumer, ein Kind.

Wie sein Vater Amenophis III. und beinahe alle Vorgänger seiner Dynastie war Amenophis IV. noch minderjährig, als er den Pharaonenthron bestieg. Mutemwija hatte vier Jahrzehnte zuvor das Zepter ihres Sohnes Amenophis III. führen müssen, nun fiel Teje diese Aufgabe zu, und anscheinend hatte auch Amenophis IV. zeit seines Lebens eine starke Führerpersönlichkeit nötig. Jedenfalls treffen wir ihn höchst selten allein dargestellt, meist sind ihm Teje oder Nofretete beigegeben – wenn sie auch, wie es die Tradition erforderte, zunächst kleiner als der Pharao dargestellt wurden. Teje, um die allzu enge Mutterbindung ihres Sohnes besorgt, führte ihm bereits bei seiner Thronbesteigung oder kurze Zeit später Nofretete zu, die trotz ihre Jugend Erfahrung und Geist besaß.

Amenophis IV., noch unfähig, eigene Ideen zu entwickeln oder gar zu realisieren, lebte mit seiner Frau Nofretete und seiner Mutter Teje zunächst in jenem Prunkbau seines Vaters in Malkata. Wie dieser nannte er sich Amenophis (Amenhotep), was soviel bedeutete wie »Ammun ist zufrieden«. Sein Thronname aber war Neferche-peru-Re, »Vollendet an Verkörperungen ist Re.« Nofretete hingegen trug später den Königinnennamen Nefer-neferu-Aton, »Schön ist die Schönheit des Aton«, ein Hinweis auf die neue Glaubensrichtung.

Bereits ein Jahr nach der Heirat von Nofretete und Amenophis IV. – die Königin war höchstens neunzehn Jahre, ihr Mann kaum älter als vierzehn – kam die erste Tochter zur Welt, Meritaton; ein Jahr danach folgte die zweite, Maketaton, und noch ein Jahr später die dritte, Anchesenpaton. Es war das Jahr, in dem Nofretete und Amenophis beschlossen, eine neue Hauptstadt zu gründen, um der Vielgötterei und der unerträglichen Korruption der Amun-Priester ein Ende zu setzen.

Es muß im fünften Jahr seiner Regierung gewesen sein, am vierten Tag des vierten Wintermonats, nach unserer Zeitrechnung also im Januar 1360 v. Chr., als Nofretete und Amenophis, »die große Erbprinzessin im Palast, die Herrliche mit der Federkrone, die Herrin der Lieblichkeit« und der »Geliebte des Aton, der Herr der beiden Länder, der Sohn des Re, der von der Wahrheit lebt« auf einem goldenen zweirädrigen Wagen von Theben gen Norden fuhren, wo sie auf halbem Wege nach Memphis am Ostufer des Nils gegenüber der Stadt Hermopolis haltmachten. Nach einem sorgsam vorbereiteten Ritual markierten der König und die Königin mit Hilfe dreier Steinsäulen ein etwa zehn mal vier Kilometer großes Areal und opferten auf einem eigens errichteten Altar Brot, Bier, Rinder, Kälber, Vögel, Wein, Früchte, Weihrauch und kühles Wasser. Sodann sprach der Pharao vor seinem Hofstaat, zu den Beamten und Generalen, die im Wüstensand vor ihm auf dem Bauch lagen:

»Seht, Aton hat diese Stadt Achetaton gewünscht. Sie soll ein Denkmal sein für ihn in alle Ewigkeit ... Ich werde Achetaton bauen für Aton, meinen Vater, an diesem Ort ... Und die Königin soll nicht zu mir sagen: ›Sieh doch, es gäbe einen schöneren Ort für Achetaton an einer anderen Stelle‹ – ich würde dann auf sie hören... Wenn ich in einer Stadt nördlich, südlich, westlich oder östlich sterbe in Millionen von Jahren, bringe und begrabe man mich in Achetaton. Wenn die große königliche Gemahlin Nofretete in einer Stadt im Norden, Süden, Westen oder Osten in Millionen Jahren stirbt, so bringe und begrabe man sie in Achetaton. Wenn die Prinzession Meritaton stirbt, so bringe und begrabe man sie ebenfalls hier. Man mache außerdem eine Nekropole für den Mnevis-

Stier in der östlichen Bergkette von Achetaton und man begrabe ihn darin. Man baue Grabanlagen für den Größten der Schauenden, die Gottesväter des Aton und die Diener des Aton im östlichen Gebirge, man mache Gräber für alle Beamten und alle Bürger in der Bergkette im Osten ...«

Mit dieser Zeremonie, die wir so genau von der ersten Grenzstele kennen, begann ein gigantisches Städtebau-Projekt, das erste in der Geschichte der Menschheit, und es grenzt bis heute an ein Wunder, wie es möglich war, eine Stadt, die Hauptstadt eines Weltreichs, in nicht viel mehr als zwei Jahren aus dem Wüstenboden zu stampfen – wie es möglich war, in dieser Zeit Versorgungseinrichtungen zu schaffen, Wege, Straßen, Hafenanlagen, Wirtschaftsbetriebe und fruchtbare Felder am Westufer des Nils anzulegen. Die Stadt selbst, in der Gegend des heutigen Ortes Tell el-Amarna gelegen, die dem kurzlebigen Zeitalter den Namen gab, war eine Meisterleistung in Planung und Ausführung.

Zentrum der Traumstadt, die von einer Prachtavenue in Nord-Süd-Richtung durchzogen wurde, war der königliche Palast, in einer leichten, luftigen Bauweise errichtet, mit vielen Säulen und einladenden Innenhöfen und bis auf die Säulen und Fundamente in Nilschlammziegeln ausgeführt. Alle Gebäude waren nach streng hierarchischem Prinzip angeordnet. Rangfolgend gruppierten sich um den Palast der königlichen Familie die Häuser der adligen Würdenträger, Höflinge und Beamten, deutlich abgesondert von der bürgerlichen Oberschicht und schier unerreichbar für das Volk. Die Bewohner von Achetaton hatten jedoch täglich Gelegenheit, ihren König und die schöne Nofretete zu sehen, dann nämlich, wenn die beiden vom Palast her die Königsstraße über eine Hochbrücke überquerten, um den Regierungssitz, ihren Thronsaal und die große Säulenhalle zu erreichen. Diese überdachte Hochbrücke hatte eine Öffnung, das »Fenster der Erscheinung«. An diesem Fenster, dessen Aussehen uns in Wandreliefs der Amarna-Gräber überliefert ist, zeigte sich das Herrscherpaar allmorgendlich zusammen mit den Kindern und nahm die Huldigungen des Volkes entgegen.

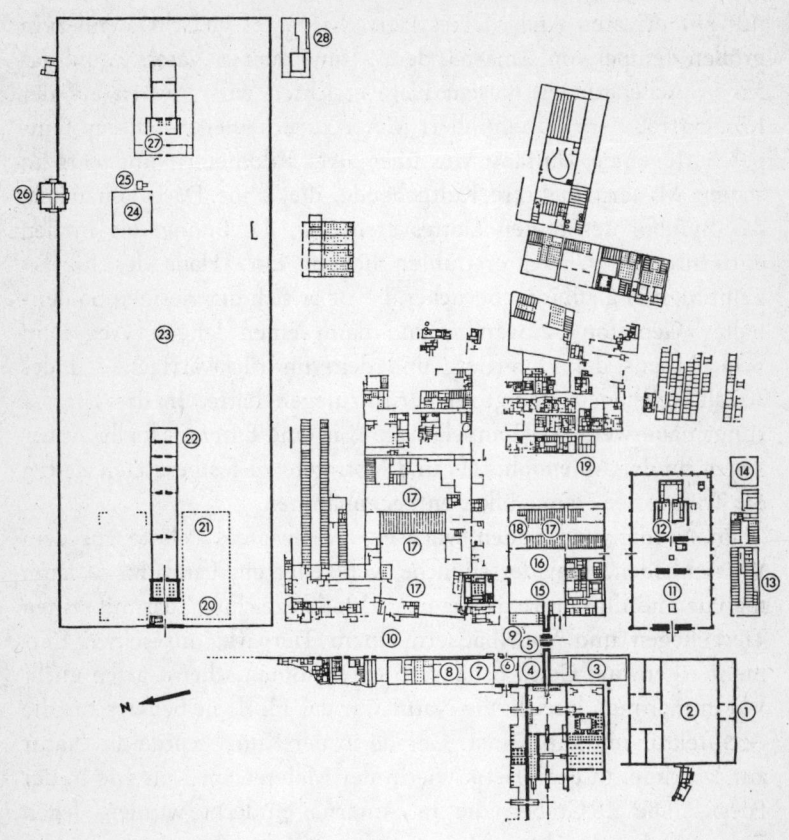

Übersichtsplan der Innenstadt von Achetaton:
1 Thronsaal; 2 Große Säulenhalle; 3 Magazine; 4 Südlicher Harem; 5 Erscheinungsfenster; 6 Hof; 7 Nördlicher Harem; 8 Garten; 9 Brücke; 10 Königsstraße; 11 Altar; 12 Heiligtum; 13 Tempelmagazine; 14 See; 15 Haus des Königs; 16 Garten; 17 Magazine; 18 Teich; 19 Archiv; 20 Festhaus; 21 Opfersteine; 22 Gematon; 23 Großer Tempel; 24 Schlachthof; 25 Stele; 26 Halle, in der die Tribute entgegengenommen wurden; 27 Heiligtum; 28 Haus des Pinhasi.

Ein Heiligtum, unmittelbar neben dem Palast gelegen, war wohl nur zur privaten Andacht des Herrscherpaares gedacht, denn zum großen Tempel von Amarna, dem »Haus meines Vaters Aton, das ich in Achetaton an diesem Platz errichten will«, waren auf der Königsstraße etwa dreihundert Meter zurückzulegen. Dieser Tempel hatte einen Umfang von über zwei Kilometern und barg in seinen Mauern mehrere Kultgebäude, die, ohne Dach konzipiert, das Symbol der treuen Gottesverehrung, die Sonne, bis in den entferntesten Winkel erstrahlen ließen. Ein »Haus des Jubels« empfing den gläubigen Besucher, bevor er sich der riesigen Säulenhalle »Gematon« zuwandte und dann einen langen Weg zum Schlachthaus der Opfertiere und dem im rückwärtigen Teil des Areals gelegenen Heiligtum zurückzulegen hatte. In das Umfassungsmauerwerk der Tempelanlage war eine Empfangshalle einbezogen, in der Amenophis IV. und Nofretete zu festgesetzten Zeiten die Tribute der Fremdvölker entgegennahmen.

Im Norden und Süden wuchsen zwei weitere Paläste aus dem Wüstenboden. War der südliche wohl eher ein Landsitz, so kann man den nördlichen Palast als Lustschloß bezeichnen, das mit seinen Tiergehegen und Vogelhäusern einem Tierpark, mit seinen Blumenteichen und Gewächshäusern einem Botanischen Garten glich. Wo immer man hinsah, die Natur war das Ideal, sie beherrschte die Architektur und die Kunst. Gerade in der Kunst wurde die Natur zur Maxime, in der Plastik wie in der Malerei, im Kult wie in der Poesie. Die 26 Gräber, die in Amarna entdeckt wurden, legen Zeugnis ab von dieser Lebensauffassung, die erstmals in der Geschichte der Menschheit »zurück zur Natur« zu finden versuchte.

Im fünften Jahr seiner Regierung änderte Amenophis IV. seinen Namen in Echnaton (»Dem Aton gefällig«), im sechsten Jahr war die neue Hauptstadt Achetaton, für die nach Schätzungen hunderttausend Architekten, Baumeister, Künstler und Arbeiter tätig waren, zumindest im Zentrum und damit für Echnaton und Nofretete bezugsfertig. Das Königspaar hatte zu dieser Zeit bereits drei Töchter, und das Glück der Familie schien so vollkommen, daß sie öffentlich kundtat, diese Stadt nie mehr verlassen zu wollen. Wo immer sich die Möglichkeit bot, ließen sich Echnaton und Nofretete mit ihren Töchtern darstellen, auf Wandreliefs, in Grabanlagen, an Hausaltären, stets unter den schützenden Strahlenarmen des Aton, als dessen Prophet sich der Pharao ausgab.

Die Forschung über diese Zeit stützt sich im wesentlichen auf vier Quellen. Da sind zuerst die Grenzstelen, von denen Echnaton drei im Jahr 4 und elf im Jahr 6 errichten und im achten und zwölften Jahr aktualisieren ließ. Diese Texte sind ungewöhnlich umfangreich. Unentbehrliches Hilfsmittel zur Erstellung einer Amarna-Chronologie sind ferner die zahlreichen im Stadtgebiet gefundenen Kruginschriften, mit denen die Frische und Haltbarkeit von Speisen und Getränken gekennzeichnet wurden. Und da die alten Ägypter die Jahre nicht fortlaufend durchzählten, sondern mit jedem Pharao, der an die Regierung kam, wieder bei 1 begannen, können wir heute mit hoher Wahrscheinlichkeit Echnatons Regierungsdauer datieren. Keine Krugaufschrift nennt eine höhere Jahreszahl als 17. Ebenso wichtige Daten und Fakten bieten auch die Wandreliefs der Amarna-Gräber, obwohl manche unvollendet blieben, andere bis heute nicht identifiziert werden konnten und obendrein über Jahrhunderte hinweg stete Beute für Grab- und Antiquitätenräuber waren.

Am weitesten vollendet und prächtig ausgebaut wurde die Grabstätte des »Gottesvaters« Eje, des »Wedelträgers zur Rechten des Königs«, des »Vorstehers aller Pferde des Königs«, der in seiner Grabstätte die Worte spricht: »Ich bin ein wahrhaft Rechtschaffener, frei von Bösem. Mein Name kommt zum Palast wegen der Nützlichkeit für den König und wegen des Hörens seiner Lehre, des Tuns seines Gesetzes, des Nichtveränderns der Worte und Nichtschädigens des Wesens.«

Forscher, die Eje als den Vater Nofretetes ansehen, werden im Grab des »Gottesvaters« eines Besseren belehrt, wo das einzige fertiggestellte Wandrelief die Verleihung des Ehrengoldes an Eje und seine Frau Ti durch die königliche Familie zeigt. Zieht man in

Betracht, mit welch optischer Bedeutsamkeit Echnaton *seine* Mutter Teje in Gräbern wie dem des Haushofmeisters Huja abbilden ließ, so kann die szenische Winzigkeit der im Eje-Grab dargestellten vermeintlichen Eltern Nofretetes nur als Beweis dafür gewertet werden, daß die Eje-Nofretete-Theorie falsch ist. Die Gräber der Honoratioren der Stadt, wie das des Haremsvorstehers Meriere, des Wedelträgers Ahmosis, des Hohepriesters Meriere, des Scheunenvorstehers Pinhasi, des Kellermeisters Parennefer, des Polizeichefs Mahu, des Kanzlers Nacht, des Gouverneurs Nefer-che-peruheresecheper, des Kanzlers May, des Schreibers Ani oder des Heereskommandeurs Paatennemhab vermitteln neben historischen Fakten auch einen Einblick in das Weichbild der Stadt Achetaton, ihrer Tempel, Palastbauten und Magazine, so daß es der britischen Egypt Exploration Society möglich war, anhand der freigelegten Grundmauern und anderer Funde ganze Stadtteile im Aufriß zu rekonstruieren.

Auffallend an den 26 Gräbern von Amarna ist das beinahe rührende Bemühen der Grabbesitzer, sich zu Echnaton und Nofretete in ein möglichst nahes Verhältnis zu setzen und dies szenisch darzustellen. Nicht mehr Osiris steht – wie in den thebanischen Gräbern – im Mittelpunkt des religiösen Denkens, sondern die königliche Familie, die immer wieder in ihrem privatesten Bereich gezeigt wird. Doch von zwei Gräbern abgesehen – dem des kahlen, zahnlosen, steinalten Schreibers Ani und dem der zweiten, frühverstorbenen Nofretete-Tochter Maketaton, dem Königsgrab –, lassen sich in keiner der Grüfte Spuren erkennen, die auf ein tatsächlich stattgefundenes Begräbnis schließen ließen. Sollten während der dreizehnjährigen Geschichte dieser Stadt nur zwei bedeutende Persönlichkeiten gestorben sein, oder nahmen die Bewohner, als sie Achetaton der Wüste preisgaben, sogar ihre Toten mit? Eine von vielen Fragen, die noch unbeantwortet sind.

Am bedeutendsten für die Quellenforschung ist ein archäologischer Zufallsfund, das Tontafel-Archiv von Amarna. 1887 grub eine Bäuerin aus dem nahen Et-Till nach Schlammziegelstaub, der auch heute noch als stickstoffhaltiger Kunstdünger verwendet wird, und sie fand dabei mehrere hundert Tafeln mit ungewöhnlichen Schriftzeichen. Diese Schriftzeichen, bei denen es sich *nicht* um Hieroglyphen handelte, waren auch der Grund dafür, daß der umfangreiche Fund zunächst unbeachtet blieb, obwohl einige Exemplare sofort auf dem Antikenmarkt angeboten wurden. Als man den Fund schließlich als die in Keilschrift geschriebene und in babylonisch gehaltene Korrespondenz des amarnischen Außenministeriums identifizierte, befand sich das Gros der 379 Tafeln bereits verteilt auf die Museen Berlin und London. In Kairo waren nur 50 Exemplare geblieben. Jede dieser Tafeln ist eine Depesche der Könige von Babylon, Mitanni, Assyrien oder Chatti an Amenophis III. und seine Frau Teje bzw. an Amenophis IV. und seiner Frau Nofretete. Die Tafeln, die am »Ort der Briefe des Pharaos« entdeckt und später systematisch ausgegraben wurden, sind, von einem hurritischen und zwei hethitischen Texten abgesehen, in akkadisch geschrieben, wobei die Sprache jedoch nicht einheitlich ist, weil Absender und Adressaten in den meisten Fällen nicht im akkadischen Sprachraum lebten und mit dieser Fremdsprache sichtlich Schwierigkeiten hatten; am schwersten taten sich die ägyptischen Schreiber.

Die einzige datierbare Depesche stammt von dem Mitanni-König Tuschratta und ist an Amenophis III. gerichtet, der durch sie erfährt, daß Tuschratta für seinen ermordeten Bruder Artasumara den Thron bestiegen habe. Der weiteren Briefabfolge ist zu entnehmen, daß der dritte Amenophis, der ja bereits die Mitanni-Prinzessin Giluchepa, Taduchepas (Nofretetes?) Tante, geheiratet hatte, zum zweiten Male eine Mitannierin begehrte. Amenophis III. schickte seinen Botschafter Mane zu Tuschratta, der die Prinzessin begutachten sollte. Mane war wohl begeistert, denn er kam aus Mitanni zurück mit einem Botschafter namens Kelia, der den Brautpreis auszuhandeln hatte.

In der weiteren Korrespondenz hält sich Tuschratta mit seinen Wünschen kaum zurück, vor allem Gold wollte er für seine hübsche Tochter haben – Gold, um seinem Großvater ein Grabmal zu

Als Nofretete und Echnaton ihre neue Hauptstadt bezogen, hatten sie bereits vier Töchter: Anchesenpaton, Maketaton, Meritaton und Neferneferuaton Tascherit. Drei bzw. fünf Jahre später wurden Neferneferure und Setepenre geboren. Maketaton starb kaum neunjährig. Bei diesen vier unbezeichneten Köpfchen aus Amarna handelt es sich um vier Prinzessinnen. Der Kopf unten links soll die frühverstorbene Maketaton darstellen, er weist Ähnlichkeit mit Vergleichsstücken auf.

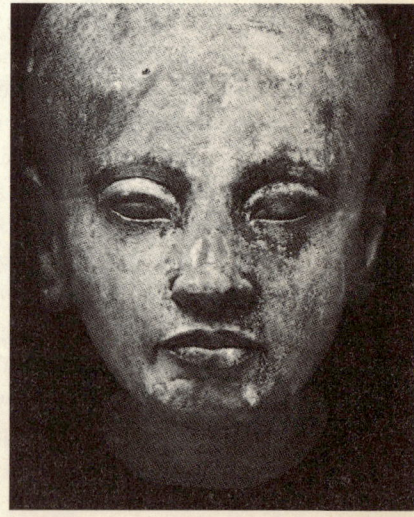

errichten. Eine erste Lieferung des Pharaos bemängelte der Mitanni-Fürst als »zweite Wahl«, worüber ein reger diplomatischer Notenaustausch entstand, der sich über mindestens zwei Jahre erstreckte, bis sich endlich ein gigantischer Brautzug nach Ägypten in Bewegung setzte – mit einem Begleitschreiben, in dem es hieß: »Mein Bruder [gemeint ist der Pharao] hat sich eine Gemahlin erbeten, ich habe sie nun gegeben, und sie ist zu meinem Bruder abgereist. Wenn sie angekommen ist, wird mein Bruder die Weise sehen, in der sie mir gegeben worden ist ...« Und jetzt wird in diesem Schreiben der Name der Prinzessin zum ersten Mal genannt. Sie heißt Taduchepa.

Das Mitgiftverzeichnis, das die schöne Mitanni-Prinzessin im Reisegepäck hatte, war so umfangreich, daß die Tafel größer sein mußte als alle anderen Dokumente des Amarna-Archivs, zählte sie doch allein 300 Männer und Frauen Personal auf, u. a. zwei Großammen, zwei Ammen, zehn Leibpagen, 30 Zofen, 30 Diener und 100 Dienerinnen. Nach Amenophis' III. Tod beschwert sich Tuschratta in dem weitergehenden Notenaustausch, daß die von Amenophis versprochenen Goldstatuen nicht mehr abgesandt wurden, weil dieser starb, und daß es nun an seinem Nachfolger sei, den Verpflichtungen nachzukommen. Wie wir wissen, heiratete schließlich Amenophis IV. die schöne Mitannierin, die sich wohl von nun an Nofretete nannte.

Die Entdeckung des Tontafel-Archivs setzte ein Signal für die weitere Erforschung dieser rätselhaften Wüstenstadt. Der Franzose Bouriant und der Engländer Sir Flinders Petrie legten in den neunziger Jahren des vorigen Jahrhunderts erste wissenschaftliche Geländeuntersuchungen vor. Ein Jahrzehnt später machte sich der britische Forscher Norman de Garis Davies als Kopist der Grabreliefs und Grenzstelen einen Namen und vermittelte so erstmals einem großen Wissenschaftlerkreis in aller Welt präzise Studienmöglichkeiten. 1907 trat schließlich die Deutsche Orient-Gesellschaft auf den Plan. Mit groß angelegten Grabungen und Landvermessungen schufen Männer wie Hermann Ranke, Paul Timme und Ludwig

Borchardt die Voraussetzung für die endgültige Wiederentdeckung Achetatons. Der letztgenannte war es, dem die wohl größte archäologische Entdeckung dieser Epoche vergönnt war. Am 6. Dezember 1912 legten Ludwig Borchardt und seine Arbeiter im Atelier des Oberbildhauers Thutmosis jene Büste frei, die zu dem bekanntesten Kunstwerk der Welt, zum atypischen Symbol ägyptischer Kunst werden sollte: die Büste der Nofretete.

III   Aton – der Gott einer einzigen Generation

Die ersten Götter, die die alten Ägypter anbeteten, waren Katzen, Kühe und Widder – Haustiere, geliebt und gefürchtet zugleich ob ihrer Stummheit. Das war in prähistorischer Zeit. Später, als aus den Nomaden des Niltals seßhafte Bauern geworden waren, deren Leben in Abhängigkeit von den Naturgewalten verlief, stiegen die Götter gen Himmel und nahmen die Gestalt von Sonne, Mond und Sternen an. In ihrem Abbild vermischte sich Menschliches mit Tierischem. Schon frühzeitig stellte der Nillandbewohner die kosmogonische Frage nach dem Ursprung der Welt, und er beantwortete sie, indem er eine Gottheit erdachte, die er Atum nannte, »das All« – eine Gottheit, selbsterschaffen und sich selbstbefruchtend für die Entstehung eines großen Götterhimmels mit an Frivolität nicht zu überbietenden Familienverhältnissen.

Der Gegensatz von Leben und Tod, das Werden und Vergehen, übte auf das ägyptische Denken die größte Faszination aus. Kein Volk der Weltgeschichte betrieb den Totenkult mit solcher Sorgfalt und Hingabe, und so wurden die Versinnbildlichungen von Tod und Leben zu den ersten bedeutenden überregionalen Göttergestalten. Da ist Osiris, der Sterbende und Wiederauferstehende, dessen Schicksal der Ägypter zu teilen hoffte, und Re, der Fruchtbarkeit und Leben Spendende, zu dem er in Dankbarkeit und Liebe betete. Re, die Sonne, nahm zunächst die Symbolform eines über dem Himmel kreisenden Falken (Horus) an und erhielt in historischer Zeit menschliche Gestalt mit Horuskopf und krönender Sonnenscheibe. Der Beiname dieses Re lautete: Re-Harachte (»Re-Horus der beiden Lichtorte«), und mit Beginn des Mittleren Reiches sog dieser Re-Harachte immer mehr lokale Gottheiten auf, wobei die Fusion mit dem thebanischen Gott Amun die bedeutendste und folgenschwerste war.

Amun (»der Verborgene«) war seit der ersten Hälfte der 11. Dynastie in Theben kultisch verehrt worden: eine widderköpfige Menschengestalt mit hoher Federkrone und krönender Sonnenscheibe. Die Verbindung mit Re machte ihn zum »König der Götter«, der seine größte Verehrung in drei nahe beieinanderliegenden Orten erfuhr: in Karnak, Luxor und Medinet Habu. Dort hatte sich eine mächtige Theokratie konstituiert, eine Priesterkaste, die den Amun-Kult zunehmend ausdehnte, immer mehr Feste einführte und auch in politischen Fragen Anspruch auf Mitbestimmung erhob. Politische und sakrale Ämter wurden in zunehmendem Maß miteinander verkuppelt.

Amenophis IV. und Nofretete verfolgten das Treiben der Priester nicht ohne Mißtrauen, ja vielleicht sogar in der Furcht, die Amun-Priester könnten gegen sie agitieren; denn die obersten Diener Amuns waren drauf und dran, einen totalitären Götterstaat einzuführen. Mit unglaublicher Raffinesse verstanden sie es, politische Entscheidungen durchzusetzen. Wenn sie bei offiziellen Anlässen kahlköpfig und halbnackt, nur mit einem Leopardenfell bekleidet, ihr Götterbild in einer verhüllten Barke zu zwanzig durch die Stadt schleppten, so ergab es sich wie zufällig, daß die Barke vor einem bestimmten Ort oder einer bestimmten Person haltmachte, was als Fingerzeig Amuns gedeutet wurde. Es gibt Hinweise dafür, daß während der 18. Dynastie Pharaonennachfolger mit Hilfe solcher »Orakel« erwählt oder nachträglich legitimiert wurden.

Fest steht, daß es Spannungen gab zwischen dem regierenden Herrscherhaus auf der einen Seite und dem »Türöffner des Himmels«, dem Hohepriester des Amun, und seinen Propheten auf der anderen. Es waren religiöse wie politische Überlegungen, die den jugendlichen Amenophis IV. veranlaßten, als erster Pharao einen Priestertitel in seinen Königsnamen aufzunehmen, den Titel »Hoherpriester des Re-Harachte«. Daraus ergab sich ein absolutistischer Machtanspruch, den der schwache Pharao freilich nicht erfül-

Sennufer, den wir oben in einer Wandmalerei seines Grabes zusammen mit seiner Frau Meretji sehen, war unter Amenophis II. Bürgermeister von Theben und Verwalter der Gärten des Amun-Tempels.

Um ein Jugendbild Tejes handelt es sich bei dieser vergoldeten Relieffigur links, die als Zierstück eines Möbels oder eines Thronsessels gedacht war. Die 14 cm hohe, aus Goldblech über einem Akazienholzkern getriebene Darstellung ist zwar unbeschriftet, ihre Herkunft unbekannt, doch ergibt sich ihre Identität aus einem Vergleichsstück, das, wie dieses Objekt, in der Staatlichen Sammlung Ägyptischer Kunst in München aufbewahrt wird. Es ist ein Gedenkstein für den Fürsten Sebeknacht, den dessen Sohn Juni unter der Regierung Amenophis' III. anfertigen ließ und der die gleiche Teje-Darstellung nur spiegelverkehrt zeigt. Teje trägt hier die von ihr bevorzugte lange Löckchenperücke, darüber die königliche Geierhaube und eine hohe Federkrone. In der Linken hält sie den Wedel, in der Rechten einen Stabstrauß.

Mindestens vier Jahrzehnte liegen zwischen der Darstellung der kleinen Teje links und dem Porträtkopf der mächtigen Königin oben.
Der 9 cm hohe Kopf wurde im Fajjum gefunden, er ist aus Eibenholz und mit verschiedenen Edelmetallen, Sackleinwand und Farbpasten verarbeitet. Charakteristisch an beiden Bildnissen sind Tejes schräg stehende Augen.

Der Himmelsgott Horus. Er wurde als Falke dargestellt und war der Sohn des Totengottes Osiris und seiner Schwestergemahlin Isis. Diese Darstellung ist ein Deckengemälde aus dem Grab Ramses' VI. (1142–1135).

Oben: Ein vergoldeter Horusfalke aus dem Grabschatz des Tut-echn-Amun.

Links: Aus demselben Grab ein kleiner Bes. Dieser zwergenhafte, satyrartige Gott galt als Schützer der Gebärenden.

Rechts: Züge des jugendlichen Echnaton trägt diese Statuette. Der Pharao hält eine Opfertafel, die Blaue Krone ist abnehmbar. Gesicht und Bauchpartie weisen Merkmale der frühen Amarna-Kunst auf.

Aus einem thebanischen Privatgrab stammt diese Vogelfangszene. Von einem aus Papyrus zusammengebundenen Boot jagt der Grabherr Wildenten, Reiher und Singvögel. Die Inschrift, die den Namen des Grabherrn verschweigt, lautet: »Das Herz vergnügen, etwas Schönes schauen, den Gott des Vogelfangs spielen in allen Arbeiten der Feldgöttin.« Die kleineren Hieroglyphen unter der Achsel des Grabherrn wurden später von einem Bewunderer hinzugefügt: »Das Herz vergnügen, etwas Schönes schauen am Ort der Ewigkeit.«

len konnte; er bedurfte der Unterstützung durch seine Mutter Teje und seine Frau Nofretete.

Ausgangspunkt dieser Entwicklung war also nicht etwa eine religiöse Reformation, sondern die Stärkung des Herrscherhauses. Der Pharao wird gottgleich, auf Hausaltären und Stelen sieht man Echnaton und die schöne Nofretete, als Vater und Mutter, opfernd und anbetend vor Re-Harachte, der nun nicht mehr mit menschlichem Körper und falkenköpfig erscheint, sondern als Abbild seiner ursprünglichen Bedeutung, als Sonnenscheibe, und Aton genannt wird. Einziges Zugeständnis an die alte bizarre Göttermythologie mit ihren Mischwesen und Symbolen sind die Strahlenarme Atons, die in langfingerigen Händen auslaufen und dem König und der Königin die *Anch*-Hieroglyphe, das Lebenszeichen, vor die atmende Nase halten. Die Zusammengehörigkeit von König und Gott unterstreicht die Uräusschlange, das uralte pharaonische Machtemblem, das nun der vergöttlichten Sonnenscheibe beigegeben wird.

Warum Nofretete und Echnaton Theben oder Memphis verließen, wo sie in den ersten Regierungsjahren residierten, ist nicht eindeutig zu belegen. Der Verdacht liegt nahe, daß sie einer noch härteren Konfrontation mit den Amun-Priestern aus dem Wege gehen wollten. Daß der Ortswechsel nicht von vornherein geplant, sondern Ergebnis einer vehement fortschreitenden Entwicklung war, darf als sicher gelten, denn Echnaton und Nofretete begannen in den ersten Jahren ihrer Regierung den gewaltigen Bau eines Aton-Tempels in Karnak. Keine Überlieferung berichtet von seiner Vollendung oder seinem Aussehen, und erst die Rekonstruktionsversuche mit Steinen aus dem neunten und zweiten Pylon des Karnak-Tempels versprechen präzisere Antworten auf viele noch offene Fragen.

Die religiöse Konfrontation von Amun- und Aton-Glaube stellte sich in den ersten Jahren noch als ein philosophisch-historisches Problem dar; doch wurde daraus spätestens bei Fertigstellung der neuen Hauptstadt Achetaton um das Jahr 1355 offener Kampf. »Der von der Wahrheit lebt« fügt der Pharao seinen Thron- und Geburts-

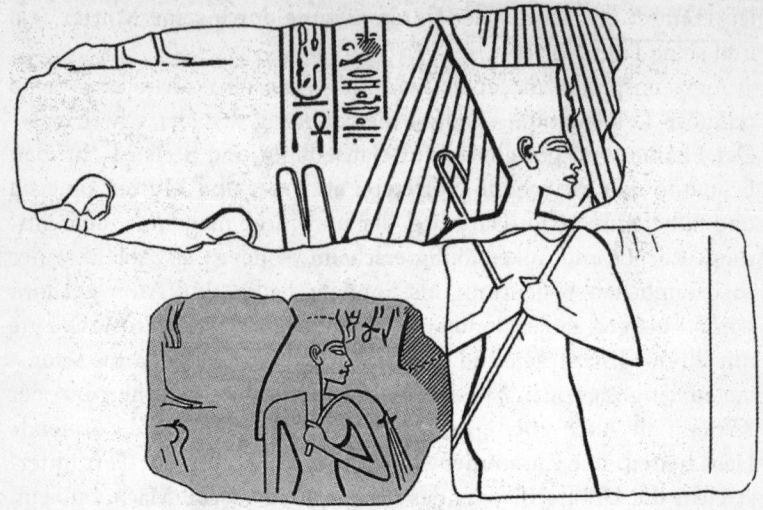

1976 entdeckte der kanadische Ägyptologe Donald B. Redford, daß drei in Karnak, München und Boston aufbewahrte Steinfragmente gemeinsame Bruchlinien aufweisen. Mit Hilfe maßstabgerechter Fotografien wurden die drei Steine zusammengefügt.

namen hinzu, und seine Höflinge bekennen: »Ich tue nichts, was Seine Majestät haßt, ich verabscheue, daß Lüge in meinem Leib sei, weil sie der Abscheu des Königs ist. Ich brachte die Wahrheit vor Seine Majestät, denn ich wußte, daß er von ihr lebt.«

Es waren nicht nur persönliche, charakterliche Gründe, die Amenophis IV. zum Wahrheitsfanatiker machten, es war auch der Überdruß an Korruption und Skandalen, die ruchbar wurden, wo immer die Amun-Priester ihre Finger im Spiel hatten. Der Zorn des jungen Herrscherpaares richtete sich deshalb nicht generell gegen die alte Religionstradition, sondern gegen den Amun-Kult, der in Theben fragwürdige Blüten getrieben hatte. Jetzt, da Achetaton das neue religiöse Zentrum war, wurden aus dem pazifistischen Gott Re-

Harachte und seinen lethargischen Propheten fanatische Eiferer. Wo immer der Name Aton auftauchte, mußte er getilgt werden, vergessen für die Ewigkeit. Auch der Plural von Gott, »Götter«, war verpönt, ebenso das Wort »Mutter«, nur weil es wie Mut (die Gemahlin Amuns) mit der Geier-Hieroglyphe geschrieben wurde. Es ist erstaunlich und spricht für den Anklang der neuen Glaubensrichtung im Volk, daß sich die jahrtausendealte Vielgötterei der Ägypter in nur einem einzigen Jahrzehnt zum Monotheismus wandelte. »Als ich auf den Thron kam«, berichtet wenige Jahre später der neue Pharao Tut-ench-Amun, »waren die Tempel von Elephantine im Süden bis zum Delta im Norden verlassen, die Kapellen zerfallen; Götterwohnungen waren, als ob sie nie gewesen wären, ihre Häuser waren Spazierwege geworden. Die alten Götter wandten unserem Land den Rücken zu.«

Als er den Bruch mit der Religionstradition vollzogen hatte, legte der Pharao sein Amt als »Erster Priester des Re-Harachte« ab und setzte einen Oberpriester ein, den er mit dem Titel »Größter der Schauenden« versah. Damit war der Weg frei für eine neue Priesterkaste. Unangetastet blieb das wichtigste Ritual des Ägypters, die Totenbestattung, und wenn in den Totentexten auch nicht mehr von Osiris die Rede war, so wurden die Toten doch wie bisher mumifiziert, erhielten wie seit Jahrtausenden Speise und Trank mit ins Grab und Gerätschaften für das jenseitige Leben. Auch der Opferkult änderte sich kaum. Tier-, Trank- und Speiseopfer gab es wie seit Generationen, neu war allerdings die Darbringung von Blumensträußen. Wenn Amenophis IV., der sich nun Echnaton nannte, sprach, dann sprach er als Prophet, und seine Worte waren Dogma. Ganz ohne Zweifel war Nofretete an diesen Entscheidungen nicht unbeteiligt, es gab kaum einen offiziellen Anlaß, bei dem sie nicht zugegen war.

Folgende Doppelseite: Den Totenkult wagte Echnaton nicht anzutasten. Muu-Tänzer und Klagefrauen warten auf den Beginn der Bestattungsfeierlichkeiten. (Kalksteinrelief aus einem Grab der 18. Dynastie.)

Die neue Religion war das gemeinsame Werk des jungen Pharao-
nenpaares, wobei die Frage, wer die initiierende Persönlichkeit war,
nur schwer zu beantworten ist. Die Zeugnisse des in Rekonstruktion
befindlichen Aton-Tempels von Karnak deuten mit einer Fülle von
Details auf Nofretete. Ein Besuch, den Echnatons Mutter Teje dem
Sohn und seiner schönen Frau in Amarna abstattete, läßt darauf
schließen, daß die Königin-Mutter dem Aton-Glauben zumindest
gewogen war.

Als Prophet Atons gab der Pharao seinem Volk ein Glaubensbe-
kenntnis, das Dichtung und Richtschnur zugleich war. In den
Amarna-Gräbern sind uns zwei Aton-Hymnen überliefert, der
kleine Hymnus mehrmals in variierter Form, der große im Grab des
»Gottesvaters« Eje. Die zarte, lebensfrohe Poesie, die sich mit dem
Wechselspiel von Natur und Sonne befaßt, steht in deutlichem
Gegensatz zu der traditionellen mythologiebefrachteten Literatur
der Ägypter.

Der große Aton-Hymnus

Dein Aufleuchten ist schön am Rande des Himmels,
Du lebender Aton, der zuerst lebte!
Wenn du dich erhebst am östlichen Rande des Himmels,
So erfüllst du jedes Land mit deiner Schönheit.
Denn du bist schön, groß und funkelnd,
Du bist hoch über der Erde:
Deine Strahlen umarmen die Länder, ja alles,
Was du gemacht hast.
Du bist Re, und du hast sie alle gefangengenommen;
Du fesselst sie durch deine Liebe.
Obwohl du fern bist, sind deine Strahlen doch auf Erden;
Obwohl du hoch droben bist,
Sind deine Fußstapfen der Tag!

Die Nacht

Wenn du untergehst am westlichen Rande des Himmels,
So liegt die Welt im Dunkel, als wäre sie tot.
Sie schlafen in ihren Kammern,
Ihre Häupter sind verhüllt,
Ihre Nasen sind verstopft, und keiner sieht den anderen.
Gestohlen wird alle ihre Habe,
Die unter ihren Häuptern liegt,
Ohne daß sie es wissen.
Jeder Löwe kommt aus seiner Höhle,
Alle Schlangen stechen.
Dunkel herrscht, es schweigt die Welt;
Denn der sie schuf, ist am Himmel zur Ruhe gegangen.

Der Tag und der Mensch

Hell ist die Erde, wenn du aufgehst am Himmelsrand,
Wenn du als Aton bei Tage scheinst.
Das Dunkel wird verbannt,
Wenn du deine Strahlen aussendest,
Die beiden Länder feiern täglich ein Fest,
Wachend und auf ihren Füßen stehend,
Denn du hast sie aufgerichtet.
Sie waschen sich und nehmen ihre Kleider;
Ihre Arme erheben sich in Anbetung, wenn du erscheinst.
Alle Menschen tun ihre Arbeit.

Der Tag und die Tiere und Pflanzen

Alles Vieh ist zufrieden mit seiner Weide,
Alle Bäume und Pflanzen blühen,
Die Vögel flattern über ihren Sümpfen,
Und ihre Flügel erheben sich in Anbetung zu dir.
Alle Schafe hüpfen auf ihren Füßen,
Alle Vögel, alles, was flattert –
Sie leben, wenn du über ihnen aufgegangen bist.

Der Tag und das Wasser

Die Schiffe fahren stromauf und stromab,
Jede Straße ist offen, weil du leuchtest.
Die Fische im Strom springen vor dir,
Und deine Strahlen sind mitten im großen Meer.

Die Erschaffung des Menschen

Du bist es, der den Knaben in den Frauen schafft,
Der den Samen in den Männern gemacht hat;
Der dem Sohn Leben gibt im Leibe seiner Mutter,
Der ihn beruhigt, damit er nicht weine,
Du Amme im Mutterleibe.
Der Atem gibt, um alles zu beleben, was er gemacht hat!
Kommt er heraus aus dem Leibe,
... am Tage seiner Geburt,
So öffnest du seinen Mund zum Reden,
Du schaffst ihm, wessen er bedarf.

Die Erschaffung der Tiere

Das Küchlein piept schon in der Schale,
Du gibst ihm Atem darin, um es zu beleben.
Wenn du es vollkommen gemacht hast,
So daß es die Schale durchbrechen kann,
So kommt es heraus aus dem Ei,
Um zu piepen, so viel es kann;
Es läuft herum auf seinen Füßen,
Wenn es aus dem Ei herauskommt.

Die ganze Schöpfung

Wie mannigfaltig sind all deine Werke,
O du einziger Gott, dessen Macht kein anderer hat,
Sie sind vor uns verborgen,
Du schufst die Erde nach deinem Begehren,
Während du allein warst:

Menschen, alles Vieh, groß und klein,
Alles, was auf der Erde ist,
Was einhergeht auf seinen Füßen;
Alles, was hoch droben ist, was mit seinen Flügeln fliegt.
Die Länder Syrien und Nubien und das Land Ägypten;
Du setzest jedermann auf seinen Platz
Und gibst ihnen, was sie brauchen.
Ein jeder hat seinen Besitz,
Und ihre Tage sind gezählt.
Ihre Zungen reden mancherlei Sprache,
Auch ihre Gestalt und Farbe sind verschieden,
Ja, du unterscheidest die Menschen.

Die Bewässerung der Erde
Du schufst den Nil in der Unterwelt,
Du führtest ihn herauf nach deinem Belieben,
Um die Menschen am Leben zu erhalten,
Wie du sie dir gemacht hast,
Du, ihrer aller Herr!
Du Tagessonne, die Furcht jedes fernen Landes,
Du schaffst auch ihr Leben.
Du hast einen Nil an den Himmel gesetzt,
Damit er für sie herabfalle
Und Wellen schlage auf den Bergen wie das Meer
Und ihre Felder bewässere in ihren Städten.
Wie herrlich sind deine Pläne, du Herr der Ewigkeit!
Der Nil am Himmel ist für die Fremdländer
Und für das Wild der Wüste, das auf seinen Füßen geht;
Der [wirkliche] Nil aber
Quillt aus der Unterwelt hervor für Ägypten.
So ernähren deine Strahlen jeden Garten,
Wenn du dich erhebst, so leben sie und wachsen für dich.

Die Jahreszeiten

Du machtest die Jahreszeiten,
Um alle deine Werke zu schaffen.
Den Winter, um sie zu kühlen, und ebenso auch die Hitze.
Du hast den fernen Himmel gemacht,
Um an ihm aufzugehen,
Um alles zu schauen, was du gemacht hast,
Während du allein warst,
Erstrahlend in deiner Gestalt als lebender Aton,
Aufdämmernd, strahlend, dich entfernend und wiederkehrend.

Schönheit durch das Licht

Du hast Millionen von Gestalten gemacht aus dir allein.
In Städten, Dörfern und Ansiedlungen,
Auf der Landstraße oder am Fluß –
Alle Augen sehen dich vor sich,
Wenn du die Tagessonne über der Erde bist.

Aton und der König

Du bist in meinem Herzen,
Kein anderer ist, der dich kennt,
Außer deinem Sohne Echnaton.
Du hast ihn eingeweiht in deine Pläne
Und in deine Kraft.
Die Welt ist in deiner Hand,
Wie du sie gemacht hast.
Wenn du aufgegangen bist, so leben sie [die Menschen],
Gehst du unter, so sterben sie.
Denn du selbst bist die Lebenszeit,
Und man lebt durch dich.
Alle Augen schauen auf deine Schönheit,
Bis du untergehst.
Alle Arbeit wird beiseite gelegt,
Wenn du im Westen untergehst.

Wenn du dich erhebst, so werden sie gemacht,
Zu wachsen für den König.
Seit du die Erde gründetest, hast du sie aufgerichtet,
Hast du sie aufgerichtet für deinen Sohn,
Der aus dir selbst hervorging,
Den König, der von der Wahrheit lebt.
Den Herrn der beiden Länder
Nefer-cheperu-Re, Ua-en-Re,
Den Sohn des Re, der von der Wahrheit lebt,
Den Herrn der Kronen Echnaton, dessen Leben lang ist;
[Und für] die große königliche Gemahlin,
Die von ihm geliebte Herrin der beiden Länder
Nefer-neferu-Aton, die lebt für immer und ewig.

Der falkenköpfige Totengott Sokaris auf einem Papyrus der 18. Dynastie. Der Text verheißt dem rechtschaffenen Toten selige Ruhe. Darunter Toëris, die Göttin der Wochenstube, dargestellt als trächtiges Nilpferd, mit lichtspendender Fackel und Lebenssymbol.

Das *erhabene* Relief Amenophis' III., dem Re das Lebenssymbol »Anch« vor die Nase hält.

Das *vertiefte* Relief Echnatons, dem Aton »Leben« spendet. Die linke Darstellung
stammt aus dem Tempel in Luxor. Der Alabasterstein oben wurde vor dem mittleren
Saal des großen Palastes von Amarna gefunden. Zwischen diesen so verschiedenen
Darstellungen liegt nur eine einzige Generation. Echnaton, Nofretete und Meritaton
bringen dem am Himmel stehenden Aton aus kleinen Schnabelkännchen Trankopfer.
Vor dem Pharao auf zwei kleinen Tischchen liegen bereits zwei Sträuße mit
Lotosblumen. Echnaton mit der Weißen Krone Oberägyptens trägt die typischen
Merkmale der Amarna-Kunst. Er ist zur Karikatur deformiert, halb Mann, halb Frau,
womit vermutlich seine Doppelgeschlechtlichkeit als Ebenbild des Schöpfergottes
betont werden sollte.

Inschriften nennen das Jahr 17 als letztes Regierungsjahr Echnatons, und obwohl er noch als Jüngling damit begonnen hatte, im Osten seiner Hauptstadt Achetaton sein Königsgrab in den Fels zu schlagen, wurde er nicht in dieser Gruft bestattet. Über Amarna und ganz Ägypten war das Chaos hereingebrochen. Die Konzentrierung ideeler wie materieller Investitionen auf *ein* Gebiet hatte das übrige Reich ausgelaugt und einen Meinungsumschwung im Volk bewirkt, der, wie es scheint, Echnaton am Ende seines Lebens an sich selbst und seiner Glaubenslehre zweifeln ließ. Semenchkare, diese seltsamste Figur jener an Ungereimtheiten reichen Epoche, der von Echnaton als Mitregent auf den Pharaonenthron gehoben worden war, schwor demonstrativ dem Aton-Glauben ab und begann im Jahre 3 seiner Regierungszeit mit dem Bau einer Totenstätte in Theben, der alten Hauptstadt des Reichsgottes Amun. Von Semenchkares Vorhaben berichtet eine Inschrift im Grab 139 des Amun-Priesters Pawah. Als im selben Jahr wie Semenchkare auch Echnaton starb, ruhte die Verantwortung für die Zukunft des Aton-Glaubens allein auf Nofretetes Schultern. Doch ihre Macht und ihr Einfluß hatten unter dem Zerwürfnis mit ihrem Gatten gelitten. Einsam in ihrem nördlichen Palast von Amarna, war die Königin nicht mehr in der Lage, die Rolle der Führerpersönlichkeit zu übernehmen, die die junge Religion so nötig gehabt hätte.

Als Mumie wird der Totengott Osiris dargestellt. Eine Grabszene mit Amenophis II., dessen Name in einer Kartusche über dem Kopf des Pharaos erscheint. Osiris hält in seinen Händen den Krummstab (»Heka«), ein Herrschaftssymbol, das von Göttern, Königen und hohen Beamten getragen wurde, das Uas-Zepter, einen am unteren Ende gegabelten und oben in einer Art Tierkopf auslaufenden Stock, der Heil und Glück symbolisierte, und eine Geißel (»Nechech«) als weiteres Herrschaftssymbol.

Königin Hatschepsut wird von der Hathor-Kuh gesäugt, ein Wandrelief aus dem Terrassentempel von Der el-Bahari. Hathor war die Schutzgöttin der Totenstadt.

Als die Thiniten, Ägyptens Könige der 1. und 2. Dynastie, erstmals den Entschluß gefaßt hatten, ihr Wirken und ihren Ruhm der Nachwelt zu überliefern, ließen sie von begabten Männern Annalentäfelchen anfertigen, auf denen sie mit bescheidenen Mitteln versuchten, Gedanken und Daten symbolhaft festzuhalten. Als Symbolzeichen gebrauchten sie Dinge aus ihrem Lebensumkreis: Werkzeuge und Geräte, Haustiere und Vögel, Sonne und Mond. Arme und Beine standen für »geben«, »nehmen« und »gehen«; Götternamen und heilige Symbole wurden ihrer Bedeutung gemäß hervorgehoben. Hieroglyphen nannte man später in griechischer Zeit die Schriftzeichen, und mit dieser Bilderschrift war die ägyptische Kunst geboren. Männer, die sich durch handwerkliches Können und ästhetisches Empfinden von anderen hervorhoben, waren aufgerufen, darzustellen, was bekannt war. Die Kunst der Ägypter war also ursprünglich reine Gebrauchskunst. Was an den Wänden der Mastaba genannten Grabbauten und Totentempel über die Schriftsymbole hinaus an den Wänden prangte, war nicht Schmuck oder Pomp, eher Demonstration für spätere Betrachter, aber auch magischer Selbstzweck. Es war das Festhalten des Augenblicks, die Abschilderung von Situationen, der Stolz auf das eigene Schaffen, das damit festgehalten, gebannt sein sollte für die Ewigkeit.

Anderthalb Jahrtausende lang gab es ungeschriebene Regeln und Gesetze künstlerischen Gestaltens. Götter und Menschen, die in der Flachbildtechnik dargestellt wurden, hatten alle charakteristischen Wesenszüge zu tragen. Das führte zu dem Kuriosum, daß an ein und derselben Figur der Rumpf stets von vorn, Kopf und Beine jedoch im Profil dargestellt wurden; denn wenn der Ägypter etwas haßte und fürchtete, so waren es Verstümmelungen. Das ging so weit, daß furchterregende Schriftzeichen und Symbole bewußt verstümmelt wurden oder daß Mumifizierungspriester nach dem Entfernen der Eingeweide eines Toten in einem vorbereiteten Ritual mit Steinen beworfen wurden. Die Kunst war statisch, hierarchisch; je bedeutender das Objekt, desto größer die Darstellung, je unbedeutender, desto kleiner. Es vergingen Dynastien, bis aus der objektbeschreibenden Kunst historische Dokumente wurden.

Während der ersten Zwischenzeit, die von der 7. bis 10. Dynastie das Alte Reich vom Mittleren trennt, zeigte die stilisierte, idealisierte Darstellung des Menschen die typische menschliche Erscheinung; die Kunst hatte die Realität entdeckt, die Idealdarstellung wurde zur Individualdarstellung. Die Hyksos, das kunstlose Wüstenvolk, das Ägypten während der 15. und 16. Dynastie heimsuchte, beeinflußten, obwohl sie kaum eigene Ideen entwickelten, das künstlerische Schaffen des Nilvolkes wesentlich. Asiatische Einflüsse wurden erkennbar, Pferd und Streitwagen, Mitbringsel des Reitervolkes, tauchten in der Kunst auf.

Werfen wir einen Blick auf die Malerei dieser Zeit. Während der Regierung von Hatschepsut, Thutmosis III. und Amenophis II. wird eine gewisse Schlichtheit im Sujet wie in der Ausführung deutlich, die sich unter Thutmosis IV. und vor allem unter Amenophis III. zu einem realistischeren, lockeren, ins Detail verliebten, mit der Perspektive spielenden Stil aufschwingt. Amenophis III., der sich am liebsten selbst dargestellt sieht, läßt nichts an sich beschönigen. Auf den meisten Rundplastiken ist sein fetter Bauch herausgearbeitet. Und doch ist das alles erst Vorspiel zu jener ausufernden, bis an die Karikatur heranreichenden Amarna-Kunst, die den Pharao gotisch langgezogen und mit einem birnenförmigen Gesicht darstellt, das von einer überlangen Nase beherrscht wird und extrem schräg gestellte Augen aufweist, deren Lider halb geschlossen sind. Der Mund, wulstig und beinahe herzförmig, wird von zwei schräg stehenden Wangenfalten eingerahmt, ein anatomisches Merkmal, das in der ägyptischen Kunst bis dahin unbekannt war.

Die Bildhauer der Amarna-Zeit arbeiteten nur in der Technik des vertieften Reliefs. Hier ein Porträtkopf Echnatons mit den typischen zwei Halsfalten. Die 20 cm hohe Kalksteintafel diente als Bildhauermodell.

Zeichnung nach einem amarnischen Grabrelief. Echnaton und Nofretete tragen alle typischen Stilmerkmale der Amarna-Kunst: Langgezogene Köpfe, überlange Arme und Finger, betonte Bauch- und Hüftpartie, fließende und wehende Gewänder.

Die Revolution von Amarna war weder auf dem Gebiet der bildenden Kunst noch in religiöser Hinsicht das Ergebnis sorgfältiger Planung, sie war vielmehr Endpunkt einer Entwicklung, die nur noch der Initiative des Pharaos bedurfte, um zum Dogma zu werden. So zeigt sich die Kunst in Amenophis' IV. ersten Regierungsjahren ikonographisch durchaus noch traditionsgebunden. Als Beispiele seien die Noblengräber aus dieser Zeit genannt, von denen das des Wesirs Ramose und das des Aufsehers der Arbeiten Parennefer am bedeutsamsten sind. Ramose starb früh, und Parennefer wurde beim Bau von Achetaton gebraucht, die beiden Gräber in Theben blieben unvollendet. Traditionell sind auch die Arbeiten unter

Amenophis IV. am Amun-Tempel von Karnak, am Tempel Amenophis' III. in Soleb und die Stele vom Gebel es-Silsile. Dann aber, im zweiten oder dritten Jahr von Nofretete und Amenophis-Echnaton wird urplötzlich der Umbruch sichtbar, der zu einem expressiven Manierismus führt.

Der Pharao ist für diese Stilrichtung Subjekt und Objekt zugleich. Er habe seine Anleitungen durch den König selbst erhalten, sagt der Bildhauer und Baumeister Bak, und Physiognomie und Anatomie des Darzustellenden orientieren sich am ungewöhnlichen Aussehen des exzentrischen Pharaos, sein Äußeres wird programmatisch zum Vorbild erhoben, aber gleichzeitig überstilisiert. Selbst die schöne Nofretete muß sich ikonographisch dieser Norm unterordnen, sie und die Prinzessinnen werden mit überdimensionierten Hinterköpfen typisiert. Und mit Amenophis, Nofretete und den Kindern ist bereits das ständig wiederkehrende Hauptthema dieser anderthalb Jahrzehnte währenden Epoche gegeben. Familienszenen, wie sie bisher unbekannt waren – der König, eine Tochter küssend, Nofretete, ein Kind stillend, die Familie beim Essen –, suggerierten vollkommenes Glück, dessen Erlangung der Aton-Glaube versprach.

Aus technischer Sicht sind kretische und mykenische Einflüsse unverkennbar, die Wiedergabe von Augenblickssituationen, ein nie gekannter Bewegungsreichtum und gleichzeitig eine zartfühlende Naturbewunderung. Trauer und Schmerz, Lebensfreude und Glück werden in Bewegungen und Gesten deutlich, die jede Symmetrie, jede Achsengebundenheit vermissen lassen, die *vor* Amarna noch Maxime war. Alle Konturen sind im Fluß; überlange Gliedmaßen betonen diese Tendenz.

Im Gegensatz zur Flachbildkunst und Malerei gelingt es der Plastik nicht, sich letzte Befreiung vom Material zu verschaffen. Hier beschränkt sich die Bewegung auf den Kopf, der auf einem traditionell starren, achsengebundenen Körper sitzt. Bewußt oder unbewußt wird dieses Handicap überspielt, indem Figuren*gruppen* gebildet werden, die den Anschein von Leichtigkeit und Natürlichkeit geben sollen. Anders als in der Reliefplastik läßt sich in der Rundplastik der Amarna-Zeit kaum ein einheitlicher Stil erkennen. Wie groß ist der Unterschied zwischen den expressionistischen Kolossalstatuen Echnatons aus dem Aton-Tempel von Karnak und den realistischen Porträtbüsten Nofretetes und der Prinzessinnen aus Amarna! Der gedrängte zeitliche Rahmen der Amarna-Kunst ließ wohl keine völlige Abstimmung der einzelnen Werkstatt-Stile zu.

Schon im 19. Jahrhundert hatten Archäologen in Amarna verschiedene Bildhauerateliers entdeckt. Als Ludwig Borchardt am 25. November 1912, dem ersten Tag einer neuen Grabungskampagne, eine kleine, unvollendete Figurengruppe aus dem Wüstensand herauszog, den »küssenden König«, (siehe Abb. Seite 64) war das der erste Hinweis, daß man auf ein neues Atelier gestoßen war. Klobig, blockbehauen schält sich Echnaton aus dem Kalkstein, auf dem Schoß eines der Töchterchen liebkosend. Zehn Tage arbeiteten Borchardt und seine Ausgräber sich durch eine großangelegte Bildhauerwerkstätte mit Privatwohnung und Gesellenunterkünften hindurch. Unter Scherben und Fragmenten fand sich ein halber elfenbeinerner Deckel mit dem Hinweis, das dieser Gegenstand dem Oberbildhauer Thutmosis gehört habe. Und dieser Thutmosis war der wohl bedeutendste Künstler der Amarna-Zeit.

Am 6. Dezember schaufelten Ludwig Borchardt und seine Mitarbeiter die Modellkammer des Thutmosis frei. Es war eine jener Sternstunden der Archäologie, die jedes Jahrzehnt nur einmal beschert. Borchardt berichtet darüber in seinem Tagebuch: »Wenn ich diesen Fund hier so schildern wollte, wie er vor sich ging, mit seinem Durcheinander, seinen Überraschungen, seinen Hoffnungen

Die bedeutendsten Kunstwerke der Epoche kamen aus dem Atelier des Oberbildhauers Thutmosis. An diesem Kopf eines Mitglieds der königlichen Familie sind auf der linken Wange noch Korrekturstriche des Künstlers zu sehen.

und auch kleinen Enttäuschungen, so würde der Leser wohl ebenso konfus davon werden, wie wir es damals waren, die wir in der Modellkammer protokollierten und kaum den Fund zu Papier bringen konnten, ehe nicht zwei andere Stücke zu Vermessung und Aufnahme freilagen.«

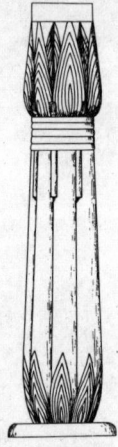

Lotosbündelsäule aus Theben. Papyrussäule aus Amarna.

Waren die Ausgräber schon begeistert, als sie in der Modellkammer eine zertrümmerte Büste Echnatons fanden, so löste es einen wahren Freudentaumel aus, als sie in einer Ecke des Raumes 19, etwa kniehoch über dem Bodenniveau, auf den senkrecht nach unten im Sand steckenden, vollständig erhaltenen Hals einer weiblichen Büste stießen. Vorsichtig, mit bloßen Händen legte Borchardt den noch verschütteten Kopf frei, dann hielt er endlich »das lebensvollste ägyptische Kunstwerk« in Händen. Es war – bis auf die Ohren – unversehrt, nur die Glaseinlage des linken Auges und der Uräus auf der blauen Königinnenhaube fehlten. Der 6. Dezember 1912 war der Tag der Wiedergeburt der schönen Nofretete.

Beispielhaft für die Amarna-Kunst ist dieses Kalksteinrelief der zepterschwingenden Nofretete. Arme und Hals sind lang und dünn, die Oberschenkel schwellend, der Kopf erscheint deformiert mit Überbetonung von Nase und Lippen. Das Relief ist in versenkter Technik gefertigt.

Die Nofretete-Büste, Wochen später heimlich nach Berlin gebracht, aber erst zehn Jahre danach in der deutschen Reichshauptstadt zum ersten Mal öffentlich gezeigt, wurde in der Folge zum bekanntesten Kunstwerk der Weltgeschichte und zur Symbolfigur Ägyptens. Sie ist ein Beispiel dafür, wie Atypisches zum Typischen umfunktioniert werden kann; denn die Nofretete-Büste ist als Kunstwerk keinesfalls typisch für die ägptische Kunst und schon gar nicht für die Amarna-Zeit. Sie ist ein Unikum, und gerade das, nicht so sehr die anmutige Schönheit, macht sie so ungewöhnlich wertvoll. Wenn der Kunsthistoriker an der 48 cm hohen Nofretete-Büste dennoch ein Zugeständnis an die Arbeitsweise ihrer Epoche feststellt, so ist es die Behandlung des Materials: weißer, etwas ins Graue gehender, nicht sehr harter Kalkstein, der vor allem an der Ober- und Unterseite der wuchtigen Königinnenhaube mit Gips stuckiert ist. Dieser Gipsauftrag wurde ohne Zweifel aus statischen Gründen verwendet – um den durch die Haube stark erhöhten Hinterkopf leichter zu machen und um zu verhindern, daß die Büste nach rückwärts kippen konnte.

Rein künstlerisch ist die Skulptur gewiß nicht als das eigentliche Endprodukt zu betrachten, sondern als wohlgelungenes Ansichts- und Modellstück. Wie seit Jahrhunderten üblich, ist der Kopf streng geradeaus gerichtet. Die stärkste Bewegung zeigt der lange Hals, der sich unter der Last des hohen Kopfes zu krümmen scheint. Das stilisierte Gesicht strahlt in zwei spiegelgleichen Hälften Strenge, Ruhe und Ebenmaß aus. Das Nasenprofil ist – wie es auch unserem heutigen Schönheitsideal entspricht – nicht ganz gerade. Die deutlich hervortretenden Backenknochen lassen die Wangen schmal erscheinen und den streng geometrischen, flachen Unterkiefer besonders hervortreten. Entspannt, ohne spürbare Regung in den Mundwinkeln und mit leicht aufgeworfenen Lippen zeigt sich der Mund. Man kann die Schminktechnik, mit der die mandelförmigen Augen der Nofretete behandelt sind, nicht anders als raffiniert nennen: Mit einem schlichten Lidstrich, der an den Innenseiten der Augen etwas nach unten gezogen ist, wird den völlig gerade stehen-

Reliefplatte eines Altarbildes, das in einem amarnischen Privathaus gefunden wurde. Echnaton und Nofretete mit den drei ältesten Töchtern werden eingerahmt von zwei Papyrusschäften und einer dicken Bodenmatte. Mit Hilfe der wehenden Kronenbänder wird hier zum ersten Mal Wind dargestellt, der – nach der unterschiedlichen Windrichtung zu schließen – von der Strahlensonne Aton ausgeht.

den Augen der Anschein verliehen, als stünden sie leicht schräg. An der Außenseite der Augen ist der von Ober- und Unterlid zusammenlaufende Lidstrich entgegen altägyptischer Gepflogenheiten nicht breit verlängert, sondern er verliert sich in einer hauchdünnen Linie. Auch die während der Amarna-Zeit meist fehlende Begrenzung der Unterlider ist hier vorhanden. Die stark geschwärzten Augenbrauen richten sich nicht exakt nach den anatomischen Gegebenheiten des Stirnansatzes, sie laufen vielmehr parallel zu dem Lidstrich der Oberlider und betonen so die Größe der Augen. Trotz

Wandrelief aus dem Ramose-Grab. Verwandte des Wesirs sitzen beim Leichen-schmaus.

Solche kleinen Zeichnungen auf Tonscherben oder Kalksteintäfelchen, die in großer Anzahl gefunden wurden, waren entweder Künstlerskizzen oder – wie hier – Weihetäfelchen. Es zeigt die Prozessionsbarke des Amun von Karnak mit dem Schrein für das Götterbild. Über der Barke Reste einer Weihe-Inschrift.

aufwendiger Bemühungen Borchards wurde die Bergkristalleinlage des linken Auges nicht gefunden, und es darf angenommen werden, daß der Einsatz dieses Auges auch nicht geplant war. Das Erstaunlichste ist für den Betrachter jedoch immer wieder das pulsierende Leben, daß dieses Kunstwerk unter dem hellroten Fleischton der Haut durch ein mit fein verteiltem Rötel (Eisenoxyd) rosagefärbtes feines Kalkspatpulver auszustrahlen vermag. Aufgrund des sockelartigen Charakters der Schulterpartie der Büste und des fehlenden linken Auges können wir davon ausgehen, daß der Kopf Nofretetes nicht dazu gedacht war, auf eine Ganzfigur aus anderem Material aufgesetzt zu werden – obwohl diese Technik während der Amarna-Zeit zur Perfektion gelangte.

Denken wir an das 10 cm hohe Köpfchen der alternden Königinmutter Teje (siehe Farbtafelteil), das im Grundstock aus Eibenholz besteht, allerdings noch mit verklebter Leinwand, Perlen, Goldblech und schwarzem Holz angereichert ist, um einen besonders realistischen Effekt zu erzielen.

Das Tejeköpfchen war gewiß ein aufsteckbares Teil für eine aus anderem Material gefertigte Ganzfigur. Das gilt jedoch nicht für die 23 in Gips geformten und Totenmasken ähnlichen Köpfe, die Ludwig Borchardt ebenfalls in der Modellkammer des Thutmosis fand. Diese Stuckkunst ist spezifisch amarnisch, sie ist an der Realität ausgerichtet und arbeitete auch mit Gesichtsabgüssen. In Perfektion wurden Abgüsse von besonders gelungenen Statuen hergestellt – das zeigen die drei Berliner Königsköpfe, an denen auffälligerweise Augenhöhlen und Brauen ausgehoben sind wie bei einer Statue, an der die Einlagen noch gefehlt haben. Die amarnischen Stuckköpfe sind allesamt dem späten, gemäßigten Stil zuzuordnen, der mit der frühen Überproportionierung nichts mehr gemein hat. Diese Kopfstudien dienten als Vorlage für den Künstler, sie wurden bearbeitet und waren nicht selten Lehrstücke für die Schüler des Oberbildhauers Thutmosis. Es gilt heute als sicher, daß die Stuckköpfe von Amarna von Lebenden wie von Toten abgenommen wurden. Der in Berlin aufbewahrte und Eje zugeschriebene Kopf trägt zwar deutlich

die müden Züge eines alten Mannes, aber Ejes Totenmaske kann es wohl nicht sein, das Stück wurde nämlich in Amarna gefunden, und wir wissen, das Eje als Nachfolger Tut-ench-Amuns an die Macht kam und in Theben residierte.

Aus der Tatsache, daß in der Modellkammer des Thutmosis nur Köpfe gefunden wurden, dürfen wir schließen, daß die einzelnen Teile der aus verschiedenen Materialien zusammengesetzten Statuen in verschiedenen Ateliers angefertigt wurden. Das ist durchaus nicht ungewöhnlich, weil verschiedene Materialien verschiedene Werkzeuge und Bearbeitungstechniken notwendig machten.

Obwohl der revolutionären Kunst von Amarna nur anderhalb Jahrzehnte vergönnt waren, spielte sich in dieser kurzen Zeit künstlerisch wohl mehr ab als früher oder später in Jahrhunderten. Wolfgang Helck und Eberhard Otto haben den Versuch unternommen, die Amarna-Kunst in vier Phasen einzuteilen.

1. Sehr kurze Übergangsphase vom traditionellen Stil zur Amarna-Kunst. Das abstrahierte Gottesbild ist bereits eingeführt, bei der Darstellung des Königs wird die bisherige Idealisierung aufgegeben zugunsten einer scheinbar naturalistischen Wiedergabe.

2. Extremer Amarna-Stil, etwa bis zur Mitte der Regierungszeit Echnatons. Er ist geprägt von dem völlig neuen Königsbildnis, das alle Darstellungen beherrscht. Es sollte frei von jeder Idealisierung sein und sich an der Realität orientieren. Dabei kam es zu Übertreibungen und Verzerrungen. Unsicherheiten und Schwankungen lassen das Suchen nach einer verbindlichen Ausdrucksform erkennen.

3. In der Mitte der Regierungszeit des Königs setzte eine Milderung des extremen Stils ein, wobei die starken Verzerrungen und Übertreibungen, vor allem im Königsbildnis, abgebaut wurden. Eine

Links: Als Einlage für ein Relief aus anderem Material war dieser Kopf Nofretetes gedacht. Augen und Brauen waren mit Glasfluß eingelegt. Stilistisch ist das Werk der späten, gemäßigten Amarna-Periode zuzuordnen.

Der küssende König. Unter dieser Bezeichnung ist diese unvollendete Figurengruppe in die Kunstgeschichte eingegangen. Sie zeigt Echnaton auf einem Sessel sitzend mit einer seiner Töchter auf dem Schoß. Gefunden wurde das kaum handtellergroße Kunstwerk im Bildhaueratelier des Thutmosis in Amarna.

Reihe von Werken gehört der Übergangszeit zwischen beiden Stil-phasen an.

4. In den späteren Jahren der Amarna-Periode herrschte ein betont »weicher« Stil vor, der jedoch keineswegs politisch (angeb-liche Zugeständnisse des Königs an die Traditionalisten) zu erklären ist. Er scheint teilweise an den Stil der Vor-Amarna-Zeit anzuknüp-fen, ohne aber dessen Unverbindlichkeit zu übernehmen; er behält vielmehr die wesentlichen Errungenschaften der Amarna-Kunst bei,

Echnaton und Nofretete auf einem Kalksteinrelief aus Amarna. Bei dieser Tafel handelt es sich um die Porträtvorlage eines Bildhauers für sich und seine Schüler. Wir dürfen daher annehmen, daß die Profile der beiden realistisch sind. Die Meißelspuren auf der Platte stammen aus alter Zeit.

so daß die Werke der reifen Amarna-Kunst trotz gewisser Idealisierungen deutliche Zeichen eines Naturalismus tragen.

Mit der Aufgabe von Amarna war zwar die Geschichte dieser Stadt zu Ende, nicht aber ihre Kunst. Tut-ench-Aton, der Amarna bald nach seinem Regierungsantritt überstürzt verließ, um in Memphis die Restauration der alten Götter zu betreiben, mußte schließlich auf jene Künstler zurückgreifen, die in einem wahren Rausch aus Amarna eine Epoche gemacht hatten. Spärlich sind die Relikte der Nach-Amarna-Zeit, sie beschränken sich in der Hauptsache auf Memphis, auf das Grab des Haremhab, vor allem aber auf das des Tut-ench-Amun, das der Engländer Howard Carter Ende 1922 entdeckte. In diesem Grabschatz wurden zahlreiche Beigaben gefunden, die noch den Namen Atons tragen – obwohl Tut-ench-Amun neun Jahre nach Echnaton starb. Mag es fraglich erscheinen, ob diese Grabbeigaben aus Amarna stammen oder ob sie später gefertigt wurden, so kann doch kein Zweifel bestehen, daß die Holztruhe aus dem Grabschatz mit der Darstellung einer Jagdszene des jungen Pharaos typische Züge der nun verfemten Epoche trägt. Die Reaktion feiert Triumphe, das versenkte Relief macht wieder dem erhabenen Platz, Aton weicht Osiris. Trotzdem bleiben viele Kunstwerke der Pharaonen der 19. Dynastie undenkbar ohne Echnatons Gedankenwelt: die bewegten ramessidischen Schlachtenbilder mit dem kämpfenden König als Zentralfigur, die Darstellung devoter Götterverehrung und die Schaustellung von Kultszenen. Ohne die Amarna-Zeit wäre die ägyptische Kunst nicht nur ärmer, sie wäre anders.

Eine Statue der schönen Nofretete von vorn und von der Seite gesehen. Bemerkenswert an dieser Plastik ist, daß Nofretete nackt erscheint, sie trägt auch die sonst übliche Kappe nicht, Indizien für eine höchst private Darstellung der Königin.

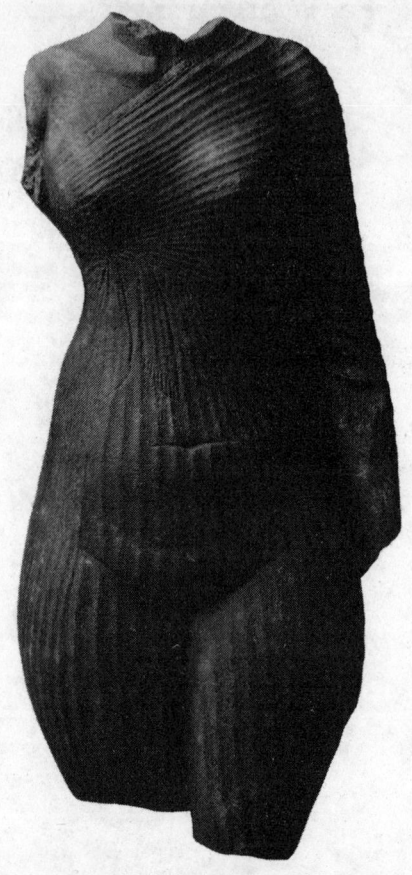

Die stark erotisch betonte Statue der Nofretete aus dunkelrotem Quarzit war Bestandteil einer Figurengruppe, zu der auch Echnaton gehörte. Die ausladende Unterleibspartie ist zum einen Kennzeichen des expressiven Amarna-Stils, zum anderen jedoch auch ein Hinweis auf die Königin als Muttergottheit, gleichsam als Pendant zu Echnaton, der Vater- und Mutterschaft in sich vereinigte. Das raffiniert unter dem Busen geknotete Plisseekleid ist allerdings ein sehr profanes Zugeständnis an den damaligen Zeitgeschmack.

Achetaton, diese gewaltige künstliche Ansiedlung, wuchs schnell
wie die Peripherie einer modernen Großstadt, unkontrolliert und
rücksichtslos. Glich das Zentrum einer Traumstadt, so unterschie-
den sich die Außenbezirke kaum von dem Konglomerat anderer in
Jahrtausenden gewachsener Städte; denn auch in Amarna gab es sie
nicht, die klassenlose Gesellschaft. Auch hier reichte der soziale
Status vom Priester und Beamten bis zum Hilfsarbeiter und Sklaven. Sklaven im Sinn von der Herrschaft auf Leben und Tod
ausgelieferten Leibeigenen kannten die alten Ägypter jedoch nicht,
selbst die Prügelstrafe war verboten. »Nicht habe ich Ränke aus
Ehrgeiz geschmiedet«, heißt es im 125. Kapitel des Ägyptischen
Totenbuches, »meine Diener habe ich nicht mißhandelt, die Götter
habe ich nicht gelästert, dem Bedürftigen habe ich nicht die Nahrung entzogen . . .«

Allerdings wurden Arbeitskräfte auf dem freien Markt wie Ware
gehandelt. Ein kräftiger Mann kostete das Doppelte eines schmäch-
tigen Mädchens. Die Tagesleistung einer Weberin entsprach dem
Gegenwert einer viertel Kuh, ein Hilfarbeiter erwirtschaftete pro
Tag nur den Preis einer achtel Kuh. Man sieht, Arbeit und Dienst-
leistung wurden hoch bewertet, höher sogar als heute.

Der Begriff »Geld« war zur Zeit Nofretetes und Echnatons unbekannt, gehandelt wurde in Tauschwährung, Lohn und Gehalt erhielt
man in Naturalien ausbezahlt, in Kleidung, Salböl, Getreide, aber
auch in Land, Arbeitskräften und Ehrentiteln. Schon im Alten Reich
gab es eine Werteinheit, das Schat, es entsprach dem Preis von
7,5 Gramm Gold und wurde im Neuen Reich auf Silberbasis gestellt,
12 Schat waren nun gleich einem Deben; für einen Sklaven mußte

Klapphocker mit Entenkopf-Füßen.

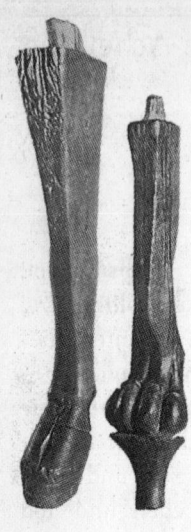

Möbelfüße in Form von Rinder- und Löwenbein.

man mindestens 7 Deben ausgeben. Das Wirtschaftswunder der 18. Dynastie brachte einen immensen Preisanstieg mit sich. Für ein schlichtes Kleid hatte Nofretete umgerechnet über 70 DM zu bezahlen, ein Schleier kostete 90 DM, und ein Krüglein Parfum war nicht unter 200 DM zu haben. Ein Grund für diese inflatorische Entwicklung war der Goldreichtum, den die Pharaonen sich buchstäblich erobert hatten. Gold, so heißt es in einem der Amarna-Briefe, gebe es in Ägypten wie Sand. Es wurde von den tributpflichtigen Kolonien geliefert: 2,6 Tonnen in Thutmosis' III. 34. Regierungsjahr, 2,68 Tonnen in seinem 38. und 3 Tonnen im 41. Jahr – und das war nur der Tribut aus Nubien! Auch an Rohstoffen herrschte kein Mangel. Alabaster gab es bei Amarna, Kalkstein bei Tura, Rosengranit bei Assuan, Türkise und Malachite kamen vom Sinai, Achate, Onyxe und Amethyste aus der östlichen Wüste. Wenn etwas im Nilland Mangelware war, dann Holz. Es mußte aus dem Libanon importiert werden.

Achetaton war eine Stadt des selbstverständlichen, vom Pharao diktierten Luxus. Sie war weniger monumental als Theben, wo

Pharaonen seit Generationen versucht hatten, sich mit Bauwerken ein Denkmal zu setzen. In dieser Stadt war alles rational – geplant, durchdacht, auf Zweckmäßigkeit angelegt. Achetaton war und blieb die einzige altägyptische Großstadt, deren Häuser nicht nur – wie schon vorher üblich – Bäder hatten, sondern auch Toiletten. Sie waren an eine Straßenkanalisation angeschlossen, die nach dem Prinzip der Wasserspülung funktionierte.

Auf Hygiene wurde in Achetaton großer Wert gelegt, da es infolge mangelhafter Abwasserbeseitigung anderswo in Ägypten

Szenen aus einem amarnischen Harem. Zwei Wächter sitzen an den beiden Eingängen, durch die man zunächst die Aufenthaltsräume erreicht, dahinter liegen die Schlafzimmer. Die Haartracht der beiden kämmenden Mädchen (oben) verrät, daß es Syrerinnen sind.

ständig zu verheerenden Epidemien kam. Sogar in den Städten gab es nur Sickergruben, und diese Einrichtungen führten bei der Gedrängtheit der Häuser zu ständigem Nachbarnstreit. »Wenn jemand einen Prozeß gegen einen anderen anstrengt und sagt: ›Die Abwässer seines Hauses laufen unter mein Haus‹, dann wird die Abwasserleitung untersucht, indem man Wasser hineinschüttet. Läuft das Wasser zum Haus des Klägers, so wird die Abwasserleitung umgebaut, so daß das Wasser dieses Haus nicht mehr erreicht.« So heißt es in einer Gemeindeverordnung aus dem Neuen Reich.

Achetaton, die Villenstadt in der Wüste, war schutzlos der Sonne preisgegeben, daher wurden alle Privathäuser nach dem gleichen Konzept gebaut: Nach Norden ausgerichtet fand sich ein salonartiger Wohnraum, dem ein dahinterliegendes, meist quadratisches Speisezimmer angegliedert war. Für den Aufenthalt in der kühleren Winterzeit war ein nach Westen ausgerichteter Raum gedacht. In der Mitte des Hauses befanden sich – getrennt für Mann und Frau und Kinder – die Schlafzimmer. Das Mobiliar war karg. Es gab Matten zum Sitzen und Liegen, Tische meist mit Mittelfuß, Stühle waren selten, sie zeugten von Reichtum. Statt Matratzen hatte man Lederriemen oder Pflanzengeflechte in den Betten. Kopfkissen im heutigen Sinn waren unbekannt, an ihrer Stelle benützte man Kopfstützen, aus Holz oder Elfenbein geschnitzt oder aus kostbarem Gestein geschlagen.

Leider wissen wir nicht, wie in Achetaton das Grund- und Besitzrecht gehandhabt wurde; schließlich war es eine Stadtanlage in einer Wüstengegend, auf die bisher kaum Besitzansprüche erhoben worden waren. Nach der Stadtplanung zu schließen, die Prominenten-, Priester-, Beamten-, Handwerker- und Arbeiterviertel in Rangstufen um den zentral gelegenen Königsplatz gliederte, dürfte es sich um Landschenkungen auf Lohn-, Gehalts- und Honorarbasis gehandelt haben, nicht viel anders also als bis dahin in Ägypten üblich. Grund und Boden waren beim Katasteramt – eines gab es in Theben, ein zweites in Memphis – eingetragen. Der Grundbuchauszug, Imyt-per, galt als Eigentumsakte und war verpfänd- und vererbbar. Haupterbe war der älteste Sohn. Ältere Töchter und jüngere Söhne mußten abgefunden werden. Der Älteste konnte jedoch enterbt werden: entweder testamentarisch vom Vater oder durch eidesstattliche Versicherung des jüngeren Sohnes, daß der verstorbene Vater ihm sein Vermögen vermacht habe. Kein Wunder, daß Erbstreitigkeiten an der Tagesordnung waren. Ein sorgfältig kodifiziertes Pfändungs- und Pfandrecht gestattete es dem Haus- und Grundbesitzer, sein Hab und Gut zu beleihen, allerdings zu einem Zinssatz von 100 Prozent.

Modern mutet das Eherecht an. Gütertrennung zwischen den Ehepartnern war möglich, wenngleich nicht die Regel. Der Ehemann übernahm die Verpflichtung, für den Unterhalt der Frau zu sorgen. Sogar die Scheidung kannten die alten Ägypter. Den Kindern aus einer geschiedenen Ehe standen zwei Drittel des Vermögens zu, ein Drittel blieb dem Ehemann. Armut und Reichtum, niederer Stand und soziales Prestige waren kein Hinderungsgrund für eine Ehe. Für die Kindererziehung war der Vater verantwortlich. War er höheren Standes oder Beamter, also des Lesens und Schreibens kundig, so nahm er sich einen Schüler, der nicht aus seiner eigenen Familie sein mußte. Lesen und Schreiben lernte man nicht anders als heute in der Grundschule. Das Schulsystem war hart und reaktionär. »Belohnung und Stock halten das Gleichgewicht in der Hand des Klugen«, heißt es in einem Text. »Thot hat den Stock auf Erden gesetzt, um den Dummen damit zu unterweisen. Dem Klugen aber hat er die Scham geschaffen, damit er allem Schlimmen entgehe. Ein Junge, der sich schämt, wird nicht geprügelt, aber ein

Folgende Doppelseite: Mit Pferd und Wagen fuhr der Feldvermesser über Land. Er setzte Grenzsteine (links) und notierte die Ackerfläche. Je nach Größe des Landbesitzes und nach der Höhe der alljährlichen Nilüberschwemmung wurden die Steuern festgesetzt. (Aus einem thebanischen Privatgrab.)

Sohn stirbt auch nicht durch Schläge von der Hand seines Vaters. Stock und Scham schützen ihn vor dem Fall.«

Die Schrift, die den Kindern beigebracht wurde, war nicht die Monumentalschrift der Hieroglyphen. Die Hieroglyphen (griechisch: heilige Bildzeichen) hatten, wie der Name sagt, religiösen Charakter; als Umgangsschrift war das schreibfähigere Hieratische im Gebrauch. Ein Schreiber mußte daneben auch Akkadisch, Hurritisch und Hethitisch beherrschen. Es ist das Verdienst Echnatons, die gesprochene Sprache, das Neuägyptische, literaturfähig gemacht zu haben.

Es wäre falsch anzunehmen, daß sich die ägyptische Literatur auf religiöse Hieroglyphentexte beschränkte. Neben Weisheitsliteratur und lyrischen Gesängen gab es Märchen, Erzählungen, Biographien und Memoiren. Und wie in der Kunst, so scheint der Pharao Echnaton auch in der Literatur richtungweisend gewesen zu sein. Bei all dem reformatorischen Tun blieb natürlich kaum Zeit für die Wissenschaft. Und da kein einziges Dokument über naturwissenschaftliche oder medizinische Leistungen aus der Amarna-Zeit überliefert ist, dürfen wir mit an Sicherheit grenzender Wahrscheinlichkeit annehmen, daß die Zeit Nofretetes und Echnatons wohl eher eine Zeit der Künste und Philosophie war.

Es mag erstaunen, daß ein so absolutistisch regierender Pharao, dessen Reformdrang weder vor dem jahrtausendealten Religionskult noch vor der langsam gewachsenen Kunsttradition haltmachte, auf Kleidung und Mode überhaupt keinen Einfluß nahm. Auch die schöne Königin Nofretete, die dem Modischen und Mondänen stets zugetan war, erließ keine Kleidervorschriften. Das langfließende Plisseegewand, das die Königin und ihre Töchter mit Vorliebe trugen, war schon vor der Amarna-Zeit bekannt, und wenn nun häufiger als früher immer kunstvollere Perücken getragen wurden, so nicht aus Gründen der Staatsräson, sondern aus Freude am Schönen und Gefallen am Fremdländischen – z. B. aus Nubien stammenden und in raffiniertem Stufenschnitt geschnittenen Kurzhaarperücken, für die Echnaton und Nofretete eine Vorliebe hatten.

Ein Bart galt als asiatisch-barbarisch, runde Ohrringe wirkten süd-ländisch-dekadent.

Über die innenpolitischen Verhältnisse dieser Zeit gibt es wenige historische Quellen. Die Briefe des Amarna-Archivs geben leidiglich Zeugnis vom Handel um Prinzessinnen und Mitgift und von Hilfe-rufen der Vasallen aus dem Norden. Echnaton war zu sehr mit religiösen und künstlerischen Reformen beschäftigt, als daß er sich der Politik hätte intensiv widmen können. Zu seiner Thronbestei-gung hatten Burnaburiasch von Babylon und Schuppiluliuma von Chatti noch Glückwunschadressen gesandt, doch das demonstrative Desinteresse Echnatons an guten Kontakten verärgerte die ausländi-schen Könige und sorgte für zunehmende Spannungen. Warum er den Briefwechsel, den sein Vater mit ihm gepflegt habe, denn abgebrochen habe, will einer wissen.

Diese außenpolitische Gleichgültigkeit sollte sich bitter rächen. Am Orontes, einem Fluß, der in der Nähe des heutigen Baalbek entspringt und zwischen Libanon und Antilibanon einen Weg sucht, rückten die Hethiter auf Ägypten vor. Pharaonische Macht und ägyptischer Einfluß begannen an den Grenzen des Reiches zu schwinden. Zwar berichtet die Überlieferung aus dem 12. Regie-rungsjahr des reformwütigen Königs noch vom spektakulären Tri-butempfang des Königspaares, bei dem Gesandtschaften aus Syrien, Nubien, aus dem Sudan und von den Ägäischen Inseln pflichtgemäß Gold und Naturalien ablieferten, doch war dies, wie es scheint, die letzte bedeutende Aufbesserung der Staatsfinanzen durch Einnah-men aus den Kolonien. Von nun an wurden die Tribute von Jahr zu Jahr weniger. Nach Abdaschirta, dem Amoritenfürsten am oberen Orontes, begann ein Vasall nach dem anderen abzufallen. Itakama, ein syrischer Fürst, proklamierte in Kadesch sein eigenes unabhän-giges Reich. Aziru von Amurru eroberte alle bis dahin unter ägyptischem Einfluß stehenden nordsyrischen Küstenstädte, außer Simyra und Byblos. Er gab den Ägyptern keine Zukunft und verbündete sich mit den Hethitern. Aus Furcht vor Aziru schrieben die Bewohner der Stadt Tunip in Nordsyrien dem Pharao einen

Diese Wandmalerei stammt aus dem Grab
des Menna. Er war Ackervorsteher und
Verwalter der Feldmarken unter Thutmosis III. Wallfahrer pilgern zu Schiff
nach Abydos. 150 km nördlich von Luxor
gelegen, ist es eine der ältesten Städte
Ägyptens. Hier wurde schon im Alten
Reich die Auferstehung des Osiris gefei-
ert. Die Friedhöfe der Stadt hatten eine
gewaltige Ausdehnung, weil die Ägypter
möglichst nahe bei Osiris bestattet sein
wollten.

Brief: »Wenn Aziru in Simyra eindringt, so wird er mit uns tun, was ihm gefällt auf dem Gebiete unseres Herrn, des Königs; und trotzdem hält unser Herr sich von uns zurück. Nun weint deine Stadt Tunip, und ihre Tränen fließen, und es gibt keine Hilfe für uns. Seit zwanzig Jahren haben wir an unseren Herrn, den König von Ägypten, Boten gesandt, aber keine Antwort ist zu uns gekommen, kein einziges Wort.«

Auch aus Byblos in Phönizien kamen Hilferufe. Der Pharao sollte die Leute Azirus von Simyra vertreiben, schrieb der Stadtfürst Rib-Addi. Eine ägyptische Gesandtschaft reiste an und wieder ab, und bald darauf nahm Aziru Simyra ein, der ägyptische Gesandte wurde erschlagen.

Rib-Addi war der letzte treue Vasall des Pharaos im Norden des Reiches, und seine Geschichte spiegelt das Schicksal eines Mannes, für den der im fernen Nilland residierende Pharao mehr war als nur ein Tributempfänger, ein Symbol des Glaubens und der Macht. Noch war Byblos nicht gefallen. Aziru von Amurru, der die außenpolitische Sorglosigkeit Echnatons erkannt hatte, konnte den Pharao für sich einnehmen, indem er nach Amarna vermelden ließ, er werde allen Tributverpflichtungen der von ihm eroberten Städte nachkommen. Rib-Addi, der Statthalter an der Front, hörte indes nicht auf, alle zwei Monate eine Gesandtschaft nach Ägypten zu schicken, die die prekäre Lage in der letzten Bastion des Pharaos schilderte. Die Situation im belagerten Byblos wurde schließlich so verwirrend, daß der ägyptische Gesandte in Galiläa, Pichuru, gen Byblos eilte und mit einem Söldnerherr Rib-Addis Truppe aus Versehen vernichtete, worauf die Bewohner von Byblos gegen die ägyptische Oberhoheit revoltierten. Der Stadtfürst mußte fliehen, sein Bruder trat an seine Stelle, doch schließlich kehrte Rib-Addi zurück. Er konnte noch einmal für kurze Zeit die Macht an sich reißen und sandte einen Hilferuf nach dem anderen an den ägyptischen Pharao – insgesamt mehr als sechzig; doch Echnaton stellte sich taub, er gefiel sich mehr als Theologe denn als Stratege.

Erste Kritik an dem tagträumerischen Pharao muß eingesetzt

Zum Schminken benutzten die Ägypterinnen hochpolierte Handspiegel aus Silber oder Bronze. Dieses etwa 30 cm hohe Exemplar hat einen Griff in Gestalt eines nackten Mädchens, eine Modeform, die erstmals in der 18. Dynastie zu beobachten ist. Besonders interessant die ornamentale Linienführung der Arme des Mädchens, die in eine Papyrusblüte übergehen.

haben, als das Volk den Rückgang und dann das völlige Ausbleiben der Tributzahlungen bemerkte, und nun erwies sich die Standortverlagerung der ägyptischen Hauptstadt von Theben nach Achetaton als irreparabler Fehler. Hatte sich die abgesetzte thebanische Amun-Priesterschaft zunächst von dem neuen religiösen und politischen Machtzentrum isoliert gesehen, so konnte sie nun ohne Behinderung im fernen Theben die Unzufriedenen um sich sammeln und zur Reaktion formieren. Als Echnaton schließlich in seinem 14. oder 15. Jahr, möglicherweise ausgelöst durch die Ermordung seines Schwiegervaters, des Mitanni-Fürsten Tuschratta durch den eigenen Sohn, das Scheitern seiner Außenpolitik erkannte, war es bereits zu spät. Die Aufnahme assyrisch-ägyptischer Beziehungen erwies sich als nutzlos, sie belastete sogar das Verhältnis zu Bayloniens König Burnaburiasch, das ohnehin nicht mehr das beste war; denn die einst so mächtigen Pharaonen hatten sich mit ihrer Heiratspolitik nicht nur Freundschaften erkauft.

Die zunehmende Isolierung und der stete Abstieg Echnatons bis zu seinem frühen Tod im 17. Regierungsjahr muß von dreierlei Standpunkten aus betrachtet werden. Seit dem 13. Regierungsjahr war die Ehe Nofretetes und Echnatons zerrüttet. Und da Nofretete ohne Zweifel das Idol einer ganzen Generation war, hat das die Anhängerschaft des Pharaos sicher dezimiert. Auch das ungewöhnliche Verhältnis Echnatons zu seinem Mitregenten Semenchkare mag den Pharao Sympathien gekostet haben. Entscheidend war aber

Zwei Tänzerinnen aus dem Grab des Haushofmeisters der Königin Teje, Cheruef. Die beiden Mädchen, die aus Anlaß eines Jubiläums Amenophis' III. tanzen, bringen ihr langes Haar besonders vorteilhaft zur Geltung.

Merrit, die Frau des Oberbauleiters und Oberbildhauers Maja (Zeit des Tut-ench-Amun und des Haremhab), trägt eine der schönsten Perücken, die wir aus altägyptischer Zeit kennen. Perücken waren ein Statussymbol, sie wurden von Frauen und Männern getragen.

Eine Originalperücke aus dem Alten
Ägypten wird in der Ägyptischen Sammlung, Berlin-Charlottenburg, aufbewahrt.
Der 60 cm lange Haaransatz besteht aus
schwarzer Schafwolle. In die langen Sträh-
nen sind echte Haare eingeflochten.

wohl die politische Konzeptionslosigkeit. Und da in der Person des
Pharaos das höchste politische und religiöse Amt vereinigt waren,
sah das Volk darin ein Scheitern der Glaubensreformation, so daß
Echnatons Ideenwerk schon wenige Jahre nach seinem Tod zusam-
menbrechen mußte.

Wie stets in Zeiten schwacher Regierungen formierte sich eine
neue Macht im Staat, das Militär. Tut-ench-Aton, der Kindkönig,
war nichts weiter als eine Marionette in den Händen einflußreicher
Militärs wie Eje und Haremhab und jener wiedererstarkten Amun-
Priester, die den jungen König zur Aufgabe der kaum anderthalb
Jahrzehnte stehenden Hauptstadt und zur Änderung seines Namens
in Tut-ench-Amun zwangen.

Die Welt des 14. Jahrhunderts v. Chr. war eine Welt der Großreiche im Abglanz vergangener Macht. Innere Schwäche und Unsicherheit gegenüber dem Nachbarn waren Anlaß zu einer nie gekannten Reisediplomatie. Gesandte und Botschaften gingen von Theben und Achetaton nach Assur und Babylon, nach Waschukanni in Mitanni und nach Chattuscha in Anatolien, wo König Schuppiluliuma I. residierte, der wohl das größte Sicherheitsrisiko dieser Zeit darstellte. Auf europäischem Boden war indes die minoische Kultur im Verblühen, während Mykene sich in höchster Blüte befand. In Schutt lag der legendäre Palast von Knossos, er war um 1400 zum wiederholten Male zerstört worden – das zweite Jahrtausend vor der Zeitwende, für Kreta war es das Jahrtausend der Katastrophen. Kultkapellen wuchsen da und dort aus den Ruinen von Phaistos, Mallia und Kato Zakros, Trauer tragend ob einer ruhmvolleren Vergangenheit. Die Endphase der Spätminoischen Periode war ein matter Abglanz früherer Jahrhunderte, war eine neue Ära, in der rege Beziehungen mit Ägypten stattfanden. Damals, als im Nildelta die Könige der Fremdländer residierten, die Hyksos, gingen Wein und Handelsgut über das Meer, neue Einflüsse von der Insel des Minotaurus machten in Ägypten Furore, manches wurde hier erst zur Perfektion entwickelt: Echnatons naturalistische Figuralkunst, seine naturbezogenen Alltagsszenen, seine Pflanzen-und Tierdarstellungen an Wänden und auf Böden in Amarna, all das ist ohne die vorangegangene kretische Blütezeit schwer vorstellbar. Beweisbar ist dieser Einfluß in Amarna an Details, die plagiathafte Züge tragen, den Galoppdarstellungen, Terrainmalereien und Gartenszenen mit Blumenpflückern und an einzelnen, ganz typischen Motiven, die am Nil bis dahin unbekannt waren wie zum Beispiel Delphine.

Im Hinblick auf bedeutende ägyptische Frauenpersönlichkeiten wie Nofretete oder Teje scheint der matriarchalische Kultur- und Gesellschaftsstil auf Kreta von Interesse. Er ist geprägt von der großen Mutter- und Fruchtbarkeitsgöttin einer Agrarreligion, die aus dem neolithischen Anatolien stammt.

Der Niedergang der minoischen Kultur fällt zeitlich zusammen mit dem Erblühen der mykenischen. Auch auf dem kretischen Inselreich läßt sich bald mykenischer Einfluß erkennen. Manche Historiker sind sogar der Ansicht, mykenische Griechen hätten bei der Vertreibung der Hyksos aus Ägypten mitgeholfen. Nachweisbar sind mykenische Einflüsse auf Kreta z. B. in Hagia Triada, wo auf

Spätminoischer Henkeltopf und Gefäß in Korbform mit Doppelaxt-Dekor von der Insel Psyra im Golf von Mirabello.

einem Sarkophag Totengöttinnen auf dem Wagen herbeisprengen, um den Verstorbenen zu entführen. Dabei verbinden sich minoische Jenseitsvorstellungen mit mykenischen.

»Achijawa« nennen hethitische Keilschrifttexte die mykenischen Griechen, und eine lautmalerische Verwandtschaft mit der Bezeichnung Achäer ist nicht zu überhören. Die ersten Anzeichen ägyptisch-mykenischer Beziehungen werden zweifellos in Mykene sichtbar, wo – wie die von Schliemann entdeckten Schachtgräber zeigen – ägyptische Jenseitsvorstellungen sich mit heimischen vermischten: Goldmasken und Grabbeigaben in nie gekanntem Überfluß, sogar erste Anzeichen von Mumifizierung der Leichen, das war typisch ägyptischer Totenkult. Er fällt hier um so mehr auf, als die griechischen Festlandsfürsten in dieser frühmykenischen Epoche (1580–1500) noch nicht einmal in richtigen Palästen residierten.

Das Verhältnis zwischen Mykene und dem ägyptischen Nilland war zunächst ein Verhältnis der Bewunderung. Die Hochkultur Ägyptens machte die bäuerischen Europäer staunen. Erst in spätmykenischer Zeit (1400–1200) zog auch Ägypten aus dieser mittelmeerischen Verbindung Nutzen. Hochwertige Keramik, kunstvolles Mobiliar, Öl und Wein nahmen in regelmäßigen Schiffslieferungen den Weg ins Nildelta. Künstler, Handwerker und Händler vom griechischen Festland waren eine wesentliche Stütze beim Bau von Nofretetes und Echnatons Hauptstadt Achetaton. Sie nahmen umgekehrt dort empfangenes Ideengut mit zurück in ihre Heimat, so daß in den Wandmalereien der Paläste von Mykene, Tiryns, Pylos, Theben und Orchomenos minoisch initiierte, aber ägyptisch beeinflußte Jagd-, Kampf-, Streitwagen und Prozessionsszenen auftauchen. Die mykenische Kultur begann schließlich etwa gleichzeitig mit der ägyptischen Hochkultur zu verblühen, doch im Vergleich zu dieser war es ein schnelles Sterben, ausgelöst durch Degenerationserscheinungen und staatliche Überorganisation.

Der mykenische Niedergang ähnelt darin dem der Hethiter, jenem Volk, das im 2. Jahrtausend v. Chr. auf dem Gebiet der heutigen Türkei ein Großreich unterhielt und zusammen mit Ägyp-

Kopf des Sphinx vom Sphingentor der Hethiter-Hauptstadt Chattuscha.

ten Weltgeschichte machte. Unsere Kenntnisse über die beinahe dreitausend Jahre lang vergessene Kultur der Hethiter (hebräische Volksbezeichnung Hittim) verdanken wir zwei archäologischen Zufällen, der Entdeckung des Keilschrift-Archivs von Chattuscha zu Beginn dieses Jahrhunderts und der Auffindung des Tontafel-Archivs von Amarna im Jahre 1887. Das Archiv der ehemaligen Hethiter-Hauptstadt nahe dem heutigen Boghazköi wurde von dem Deutschen Hugo Winckler ausgegraben und umfaßt nicht weniger als 2 500 Tafeln. Das Amarna-Archiv, 1887 von einer Fellachenfrau entdeckt, brachte einschließlich der Nachgrabungen zwar »nur« etwa 400 Tontafeln ans Licht, dafür ist jedoch jedes dieser Exemplare von großer Bedeutung, handelt es sich dabei doch um die außenpolitische Korrespondenz des Pharaos. Wie konnte die Hethiter-Kultur völlig verlorengehen, während uns die gleichzeitige Pharaonen-Kultur so detailliert überliefert ist?

Es gibt mehrere Gründe. Zum einen waren die Hethiter weit weniger mitteilsam und kunstfertig als die Ägypter. Das mag unter anderem daran liegen, daß die Hethiter im rauhen Klima des anatolischen Hochlandes mit seinem langen Winter und dem kurzen Sommer weit mehr dem Selbsterhaltungs- als dem Spieltrieb folgten – der oberste Gott Chattis war der rauhe Wettergott, der höchste ägyptische Gott war die strahlende Sonne. Das Fatale an der hethitischen Dokumentation war jedoch das Schreibmaterial: Holztafeln, die mit Leinwand überzogen, grundiert und mit Pinsel und Tusche beschrieben wurden. War das Dokument von größerer Bedeutung, so wurde auch auf Bleistreifen geschrieben, die zum Transport zusammengerollt werden konnten. Staatsverträge wurden auf Eisen- oder Silberplatten graviert. All diese Schreibmaterialien waren extrem klimaempfindlich und hielten dem Feuer nicht stand. Wir dürfen mit Sicherheit annehmen, daß neben den vielen Tausenden feuerfesten Tontafeln am Burgberg von Chattuscha noch weit mehr Dokumente aus anderem Material aufbewahrt wurden.

Mesopotamischer Kultureinfluß machte sich unter Chattusil I. im 16. Jahrhundert bemerkbar, damals entlehnten die Hethiter die

Palästinenser mit typischer Haartracht. Zierfigur an einem Stab aus dem Grab Tutench-Amuns.

akkadische Keilschrift, die weltweit als Diplomatensprache akzeptiert wurde, und sie bedienten sich eines sumerisch-akkadisch-hethitischen Vokabulars. Während der ägyptischen Amarna-Zeit war Schuppiluliuma König der Hethiter. Unter ihm stand das Land Chatti auf dem Höhepunkt seiner Macht. Schuppiluliumas größte Tat war es, das obermesopotamische Mitanni-Reich zerschlagen zu haben, ein Staatsgebilde mit hurritischer Bevölkerung, das seit dem 16. Jahrhundert ein steter Zankapfel zwischen den Großmächten war. Der Hurriterfürst Tuschratta, vermutlich Nofretetes Vater, wurde bei der Eroberung seines Reiches ermordet. Syrien, bis dahin Mitanni-Provinz, wurde hethitisch, und damit gerieten die Interessen Ägyptens und Chattis in Konflikt.

Noch während der Belagerung der letzten mitannischen Bastion Karkemesch am oberen Euphrat schickte der Haudegen Schuppiluliuma Soldaten südwärts über die ägyptische Grenze, um zu sehen, wie der Pharao darauf reagieren würde. In seinen Annalen berichtete Schuppiluliumas Sohn Mursilis über diese Provokation: »Während mein Vater im Lande Karkemesch war, sandte er die Generäle Lupakki und Tarchuntazalma in das Land Amka [ägyptisches Gebiet zwischen Libanon und Antilibanon]. Diese zogen los, um das Land Amka anzugreifen, und brachten Gefangene, Rinder und Schafe zurück zu meinem Vater. Als die Ägypter von diesem Angriff auf Amka hörten, fürchteten sie sich.«

Was Schuppiluliuma vermutet hatte, fand seine Bestätigung: Der junge Pharao und seine schöne Gemahlin im fernen Ägypten waren weit mehr auf ihre neue Staatsreligion bedacht und auf die schönen Künste als auf die Landesverteidigung. Ein Krieg mit Ägypten war – wie es schien – wohl überhaupt nicht zu befürchten, und der Hethiterkönig konnte es sich leisten, jahrelang wie ein Wolf um die Schafherde ägyptischer Vasallen zu kreisen und sich einen nach dem anderen ungestraft einzuverleiben.

Der König rekrutierte den Hofstaat in erster Linie aus seiner Verwandtschaft, die am Hof erzogen und auf die verschiedenen Aufgaben in Verwaltung, Heer und Religionskult vorbereitet wurde. Neben ihren universellen Aufgaben als oberste Priester, Richter und Militärs scheinen die Könige der Hethiter auch einen hervorragende Ruf als Pädagogen genossen zu haben. Sie übernahmen sogar die Erziehung ausländischer Prinzen. So erfahren wir von einem Prinzen Tawagalawas und dem kleinen Bruder des Achijawa-Königs, der zusammen mit dem hethitischen Kronprinzen die Kunst des Wagenlenkens lernte.

Familien- und Sippenbewußtsein waren bei den Hethitern sehr ausgeprägt, die Frauen wußten sich Einfluß und Macht zu verschaffen. Eine Königin konnte die Regierung übernehmen, sie war nicht verpflichtet, ihre Rangstellung nach dem Tod des Königs an die Frau seines Nachfolgers abzugeben. Den königlichen Schwestern, insbesondere aber deren Ehegatten, kam in der Erbfolge große Bedeutung zu. Daher mag es nicht verwundern, daß Verwandtenmorde bei den Hethitern nicht selten waren. Andererseits erschien es undenkbar, eine Familie aus juristischen oder materiellen Gründen auseinanderzureißen. Das wird deutlich in einer typischen Landschenkungsurkunde, die Mensch und Tier und Wiesengrund in einem Atemzug nennt:

»Das Haus des Tiwataparas: 1 Mann Tiwataparas, 1 Knabe Harawandulis, 1 Frau Azzijas, 2 Mädchen Anittis und Santawijas, insgesamt 5 Personen, 2 Rinder, 22 Schafe, 6 Pflugrinder als Hausbesitz des Gutes. Dazu ... weibliche Schafe und bei den weiblichen Schafen zwei weibliche Lämmer und bei den Schafböcken zwei männliche Lämmer, 18 Ziegen und bei den Ziegen 4 Zicklein und bei der alten Ziege ein Zicklein, insgesamt also 36 Schafe, 1 Haus. Als Rinderweide in der Stadt Barkalla 1 Morgen Wiesengrund, 3½ Morgen Weingarten, ferner 40 Apfelbäume, 42 Granatapfelbäume in der Stadt Hanzusra, gehörig zum Hauswesen des Hantapis.«

Rechts: Mykene erlebte zur Zeit Nofretetes seine höchste Blüte. Damals wurde der große Palast und die Ringmauer mit dem Löwentor errichtet.

Die hethitischen Gesetze kannten die Begriffe »Freier« und »Leibeigener«, das Verhältnis des Herrn zum Knecht war streng, aber juristisch geregelt. »Wenn ein Knecht vor seinem Herrn steht«, heißt es in den Annalen des Mursilis, »ist er gewaschen und trägt reine Kleider. Und entweder gibt er dem Herrn etwas zu essen oder er gibt ihm etwas zu trinken. Und er, sein Herr, ißt und trinkt, und er ist zufrieden in seinem Herzen und ihm wohlgesonnen. Wenn er, der Knecht, aber nachlässig und unaufmerksam ist, dann ändert sich das Verhalten ihm gegenüber. Und wenn ein Knecht seinen Herrn erzürnt, dann töten sie ihn oder sie verstümmeln seine Nase, seine Augen, seine Ohren. Sein Herr zieht ihn zur Rechenschaft und auch seine Frau, seine Kinder, seine Brüder, seine Schwestern, seine Schwager und deren Familie, seien es männliche oder weibliche Mitglieder . . .«

Diese strenge Gesetzgebung schloß allerdings keineswegs aus, daß ein hethitischer Unfreier eine freie Frau heiraten konnte. Obwohl es keine präzisen Dokumente darüber gibt, scheint die Vielweiberei beim gemeinen Volk nicht üblich gewesen zu sein. Nur der König selbst unterhielt einen Harem, aber sorgsam getrennt von der Königin, nach einem Rangstufenprinzip aufgebaut.

Die Hethiter werden oft zitiert als das »Volk der tausend Götter«. Diese Bezeichnung ist irreführend. Es waren keineswegs auch nur annähernd tausend Götterpersönlichkeiten, die dem anatolischen Bergvolk Ehrfurcht und Anbetung abforderten. In Wirklichkeit kannten die Hethiter auch nicht mehr Götter als die Ägypter, ihre universale Religiosität gebot ihnen jedoch, ihre Götter mit den Namen aller bekannten Sprachen und Dialekte zu benennen, und obendrein war es noch Sache der Schreiber, die einzelnen Gottheiten mit verschiedenen Ideogrammen und in allen nur erdenklichen

Rechts: Minoisches Fresko von der Insel Thera. Oben ländliche Szenen, wie sie auch in Ägypten dargestellt wurden. Darunter Kriegszug und Kampf.

Lautschriften aufzuzeichnen. Toleranz war oberstes Gebot ihrer Religiosität. Für den Wettergott, den obersten Gott des hethitischen Pantheons, hatten sie gleich eine ganze Reihe von Namen – nur keinen hethitischen. Im Staatsheiligtum von Yazilikaya, wo der Wettergott als Partner der Großen Mutter, der Sonnengöttin Arinna, auftritt, wird er altchattisch Taru genannt, hurritisch Teschup, luwisch Dattas oder Tarhund, und syrisch Adad oder Hamman, sechs Namen für einen einzigen Gott. Und von der Großen Mutter heißt es in einem Text: »Sonnengöttin von Arinna, meine Herrin, Königin aller Länder. Im Land Chatti nennst du dich Sonnengöttin von Arinna, aber in dem Land, das du dir zum Zedernland machtest, nennst du dich Hepat.« Auch von Hepat kennen wir nur den *alt*chattischen Namen: Wuruschemu. Wie Schuppiluliuma die Sonnengöttin von Arinna anredete, wissen wir nicht. Teschup und Wuruschemu haben einen Sohn, den Erntegott Telipinu: »Er bricht die Schollen und pflügt, Wasser leitet er herbei, das Getreide läßt er wachsen.« Neben einer Reihe von Naturgottheiten ist die babylonische Liebes- und Kriegsgöttin Ischtar, hurritisch Schauschga, von Bedeutung, die in schwesterlichem Verhältnis zum obersten Wettergott stand. Eine Statue jener Ischtar ließ Echnatons Vater, Amenophis III., nach Theben bringen, um von ihr Linderung seiner Leiden zu erfahren.

Wie sehr hethitische, kretische und ägyptische Kultur und Religion in Zusammenhang stehen, zeigt ein Gebet des Hethiterkönigs

Um 1800 v. Chr. erwuchs in Knossos auf Kreta der bedeutendste minoische Palast. Er wurde 100 Jahre später durch ein Erdbeben zerstört, sofort wieder aufgebaut, fiel aber kaum 300 Jahre später nochmals einem Erdbeben zum Opfer, so daß er zur Amarna-Zeit in Trümmern lag. Oben der Nordeingang des Palastes, links unten das Megaron der Königin. Die Königin hatte außerdem ein eigenes Bad und eine Toilette mit Wasserspülung.

Muwatallis (ab 1315), der mit Sicherheit Echnatons Sonnengesang gekannt haben, aber auch ein kretisches Sonnenlied gehört haben muß von einer Insel, wo die Sonne »aus dem Meer heraufkommt«:

> Sonnengott des Himmels, mein Herr,
> des Menschenkindes Hirte.
> Herauf aus dem Meer kommst du,
> Sonnengott des Himmels,
> An den Himmel trittst du.
> Sonnengott des Himmels, mein Herr,
> Den Rechtsstreit des Menschenkindes, des Hundes,
> des Schweins
> Und der Lebewesen der Flur
> Entscheidest du täglich, o Sonnengott.

In Mesopotamien, wo ein jahrtausendealtes Völker- und Kulturgemisch – Akkader, Sumerer, Babylonier, Mitannier, Assyrer, Amoriter, Hurriter, Hethiter – ein Land der Mischkulturen hatte wachsen lassen, bahnte sich wieder einmal ein großer Umschwung an. Unter dem Assyrerkönig Schamschiadad I. (1748–1716) war das Reich in amoritische Abhängigkeit geraten. Der babylonische König Hammurabi (1728–1686), dessen Name durch seinen Gesetzeskodex berühmt geworden ist, dessen Leben jedoch im dunkeln blieb, eroberte Teile Mesopotamiens. Aber schon bald wurde die amoritische Dynastie von Babylon bedroht von den Bewohnern des Seelandes am Persischen Golf und dem westiranischen Bergvolk der Kassiten. Dieses Volk aus dem Kaukasus hatte keine Schrift, sprach eine Sprache, die niemand verstand, und war damit so recht geeignet, vom mesopotamischen Kulturkonglomerat aufgesogen zu werden. Der Hethiterkönig Mursilis I. leistete Hilfestellung. In einem verwegenen Feldzug zog er gen Babylon, eroberte die Stadt, zog sich aber wieder zurück und überließ das Land den Kassiten. Unter den Blicken neidischer Nachbarn, wie den Elamitern, formierte sich eine neue Macht, deren Stärke eigentlich in ihrer Anpassungsfähigkeit lag. Traditionslos öffneten sie sich für alles Neue, tolerant gegenüber jedermann.

»König der Kassiten und Akkader, König des weiten Landes Babylon, König von Padan und Alwan, König des Landes Gutium« nannte sich voll Stolz ihr erster Herrscher auf babylonischem Boden, Agum II. (um 1530), der sogleich damit begann, von den Hethitern fortgeschleppte Götterstatuen gegen Tauschgeschäft zurückzugewinnen und den Tempel von Esangila zu restaurieren. Die Kassiten gründeten unweit von Bagdad eine eigene Hauptstadt, Dur Kurigalzu, mit einer der größten Zikkurate des Zweistromlandes. Ringsherum reihten sich Tempelanlagen der babylonischen Götter Enlil, Ninlil und Ninurta. Die einzige spezifisch kassitische Gottheit ist Schuqamuna, sonst hielten es die Kassiten mit der babylonischen Dreiheit Anu, Enlil und Ea, mit Ninchursanga, Sin, Ischtar und

Das Königstor zur Hethiter-Hauptstadt Chattuscha, zur Zeit Nofretetes errichtet.

99

Schamasch, mit den Göttern der Unterwelt und des Krieges Nergal, Zababa und Ninurta. Zahlreiche Grenzsteine aus Diorit, Kudurrus genannt, vermitteln einen Einblick in das Pantheon der Kassiten-Zeit.

Im 15. Jahrhundert profitierten die Kassiten-Könige in Babylonien vor allem von der Unsicherheit der weltpolitischen Lage. Feldzüge – wie unter Ulamburiasch (um 1450) gegen das Meerland – waren eine Ausnahme, man verhandelte lieber auf diplomatischem Wege – wie unter Karaindasch (um 1420) wegen einer Grenzregelung mit Assur – oder verschickte schöne Töchter zwecks Heirat an ausländische Königshöfe – wie unter Karaindasch an Amenophis III. Karaindaschs Sohn Kadaschmancharbe gelüstete es schließlich, einmal eine ägyptische Prinzessin zu bekommen. Der Pharao lehnte dieses Ansinnen indessen strikt ab. Darauf schickte Kadaschmancharbe eine Botschaft nach Ägypten, in der er um *irgendeine* Ägypterin bettelte: »Übersende mir irgendeine schöne Frau nach deiner Wahl. Wer kann dann hier schon sagen, daß es keine Königstochter sei.«

Im übrigen waren die Pharaonen den Kassiten-Königen, die sie »Bruder« nannten, zugeneigt. Das geschah aus ihrer Unsicherheit heraus. Schließlich waren die Assyrer unabhängig von Mitanni geworden und im Begriff, ein neues Imperium zu errichten. Gleichzeitig tauchten an Ägyptens Grenzen Hethiterhorden auf, und in Amarna saß ein Pharao, der die Sonne besang und für den es nichts Widerwärtigeres gab als den Krieg.

VII   Szenen einer Ehe: Nofretete und Echnaton

Bei ihrer Heirat um das Jahr 1364 v. Chr. war Nofretete älter als Amenophis IV. Dieser – von seiner Mutter Teje gelenkt – war noch ein halbes Kind, wahrscheinlich nicht älter als dreizehn Jahre; dennoch wurde der jugendliche Pharao bereits ein Jahr nach der Eheschließung mit Nofretete Vater einer Tochter namens Meritaton. In den zwei nachfolgenden Jahren kam ebenfalls jeweils eine Tochter zur Welt, Maketaton und Anchesenpaton. Mit sechzehn war Amenophis IV. bereits dreifacher Vater.

Es steht außer Zweifel, daß Nofretete nicht nur die Ältere, sondern auch Reifere und Erfahrenere war. Im Einvernehmen mit der Königinmutter verstand es die schöne Königin, den jungen Pharao geschickt zu lenken. Welch dominierende Rolle sie dabei in den ersten Jahren dieser Verbindung spielte, wird aus den Rekonstruktionen des zu dieser Zeit entstandenen Aton-Tempels von Karnak deutlich. In diesem Tempel mit seinen gewaltigen Osiris-Pfeilern und Anbetungsszenen wird zwar der Pharao als die religiöse Autorität anerkannt, Nofretete aber ist beinahe doppelt so oft dargestellt wie Amenophis IV., und die junge Königin ließ sich sogar eine eigene Säulenhalle errichten.

Als Nofretete und Amenophis um das Jahr 1357 nach Achetaton zogen, waren sie noch ein Herz und eine Seele. Eine Skizze im Grab des »Wedelträgers zur Rechten des Königs«, Ahmosis, in Amarna zeigt die beiden in trauter Harmonie, Nofretete umarmt den die Pferde zügelnden Echnaton. Auch andere Grabdarstellungen, wie die aus dem amarnischen Privatgrab, wo Amenophis IV. mit Nofretete und seiner Mutter Teje beim Umtrunk sitzt, demonstrieren Familienglück. Nofretete ist von zweien ihrer Töchter umgeben, bei

Teje erkennt man ihre Tochter Beketaton. Die Verleihung des Ehrengoldes im Eje-Grab durch das Königspaar spiegelt noch eine heile Welt wider. Es fällt auf, daß der Pharao, der sich seit seinem fünften Regierungsjahr Echnaton nennt, fast nie allein auftritt, sondern stets in Begleitung von Nofretete oder Teje.

Das Verhältnis der Königinmutter Teje zu ihrem spätgeborenen Sohn Echnaton war vielerlei Spekulationen ausgesetzt, und es ist in der Tat nicht ohne Probleme. In dem aus dem Jahre 12 stammenden Grab des »Verwalters des Hauses, des Doppelten Schatzhauses und des Harems ...« wird Teje immer noch als »große königliche Gemahlin« bezeichnet, also mit derselben Bezeichnung wie Nofretete. Und bei näherer Betrachtung zweier Türsturz-Reliefs im Grab des Huja muß die Frage diskutiert werden, ob Echnaton mit seiner Mutter ein eheähnliches Verhältnis unterhielt, und ob nicht Tejes letzte Tochter Beketaton sogar Echnaton zum Vater gehabt hat. Darauf weist eine Inschrift im Huja-Grab hin, die Beketaton als »des Königs liebliche Tochter« bezeichnet. Das Huja-Grab war zwölf Jahre nach dem Tod des Königs Amenophis III., der Beketatons Vater sein soll, gebaut worden. Die Schwierigkeit, die auf dem genannten Türsturz-Relief dargestellten Personen zu identifizieren, liegt darin, daß in nach-amarnischer Zeit fast alle Köpfe und Namenskartuschen abgeschlagen wurden, doch deuten Reste der Namensringe, der Haartracht, der Königskappen und einer Federkrone darauf hin, daß auf dem einen Relief Nofretete und Echnaton und auf dem anderen Teje und Echnaton dargestellt sind. War Echnaton mit seiner Mutter und mit Nofretete gleichzeitig verheiratet? Psychoanalytiker haben darüber umfangreiche Arbeiten geschrieben und die verschiedensten Theorien entwickelt. Mit ihrer Ansicht, Echnaton habe einen ausgeprägten Ödipus-Komplex gehabt, dürften sie wohl kaum falsch liegen.

Im Jahr des Umzugs nach Amarna brachte Nofretete ihre vierte Tochter zur Welt, Neferneferuaton Tascherit. Die fünfte Tochter ließ dann drei Jahre auf sich warten, und die sechste folgte nach

Auch bei offiziellen Anlässen – hier die Verleihung des Ehrengoldes an Eje und seine
Frau Ti – zeigte Echnaton sich mit Frau und Kindern. Die Szene spielt am sogenannten »Fenster der Erscheinung«, einer über die Königsstraße führenden Hochbrücke,
die Palast und Thronsaal verband und von der noch heute Baureste zu sehen sind.

weiteren zwei Jahren. Mit achtundzwanzig Jahren war Nofretete bereits sechsfache Mutter. Auffallend an den beiden letzten Töchtern, von denen wir praktisch nichts wissen, ist ihre Namensgebung: Die ersten vier Kinder tragen dem Aton geweihte Namen, Meritaton (»Geliebte Atons«), Maketaton (»Atons Schützling«), Anchesenpaton (»Die durch Aton Lebende«), Neferneferuaton Tascherit (»Die kleine Schönheit aller Schönheiten Atons«). Die fünfte und sechste Tochter werden dagegen Neferneferure (»Schönheit aller Schönheiten des Re«) und Setepenre (»Die Auserwählte des Re«) genannt. Warum die im 9. und 11. Regierungsjahr geborenen Königskinder nicht mehr mit Namen dem Aton geweiht sind, ist ungeklärt. Kaum zu erhärten ist die Spekulation, daß Echnaton nicht der Vater der letzten beiden Töchter gewesen sei und er sie daher auch nicht mit dem Namen *seines* Gottes zu benennen gestattet habe, oder daß Nofretete dem Aton-Glauben abgeschworen hatte. Für beide Theorien gibt es mindestens ebensoviele Gegenbeweise.

Historisch nachweisbar wird der Bruch zwischen Nofretete und Echnaton im 13. Regierungsjahr, also um 1350 herum. Kurz zuvor war Maketaton, die zweitälteste Tochter, im Alter von neun Jahren gestorben. Die Trauerszene im Königsgrab von Amarna ist ergreifend durch die Innigkeit der Darstellung, aber auch im Gedanken daran, daß es sich dabei um die letzte Darstellung Nofretetes handelt. Von nun an wird Nofretete totgeschwiegen. Es gibt sogar Ägyptologen – wie den Schotten Cyril Aldred –, die behaupten, Nofretete sei kurz nach dem Tod ihrer Tochter gestorben. Doch dafür fehlen Beweise, sogar Hinweise. Das Nofretete nicht starb, sondern degradiert, verstoßen und ausgelöscht werden sollte, das zeigen zahlreiche Darstellungen, auf denen Nofretetes Namen und Kopf ausgemeißelt und durch den ihrer ältesten Tochter Meritaton ersetzt wurden. Meritaton erhielt auch den Titel »königliche Gemahlin«.

Die älteste Tochter spielte eine merkwürdige Rolle im Zwist Nofretete gegen Echnaton. Der Pharao verheiratete sie mit einem

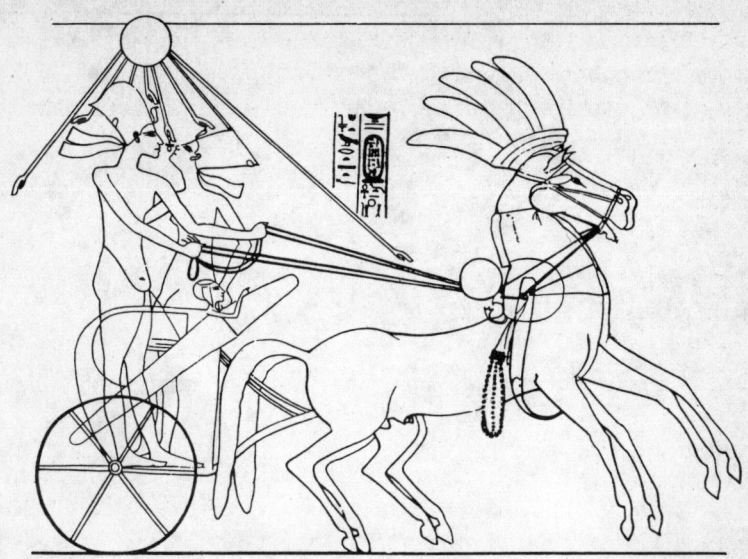

Skizze aus dem Ahmose-Grab in Amarna: Nofretete und Echnaton in zärtlicher Umarmung auf dem Prunkwagen – eine Darstellung aus den ersten Ehejahren. Über den Wagenrand gelehnt die erste Tochter des Königspaares. In der Mitte die Namenskartusche Nofretetes mit dem Wunsch ewigen Lebens.

Mann ungeklärter Herkunft namens Semenchkare und machte ihn im 14. Jahr seiner Regierung zum Mitregenten. Ein Grund für diesen seltsamen Schritt dürfte darin zu suchen sein, daß Echnaton keinen männlichen Nachkommen hatte, der eine seiner Töchter ehelichen und damit sein Nachfolger werden konnte. Doch das war nicht der einzige Grund. Darstellungen, die Semenchkare und Echnaton Hand in Hand spazierend oder in zärtlicher Umarmung zeigen, und die Übertragung von Nofretetes Königinnennamen Neferneferuaton (»Schön ist die Schönheit des Aton«) auf ihn lassen kaum einen anderen Schluß zu, als daß der Pharao zu seinem jungen Mitregenten in homoerotischer Beziehung stand. In der Tat wurden

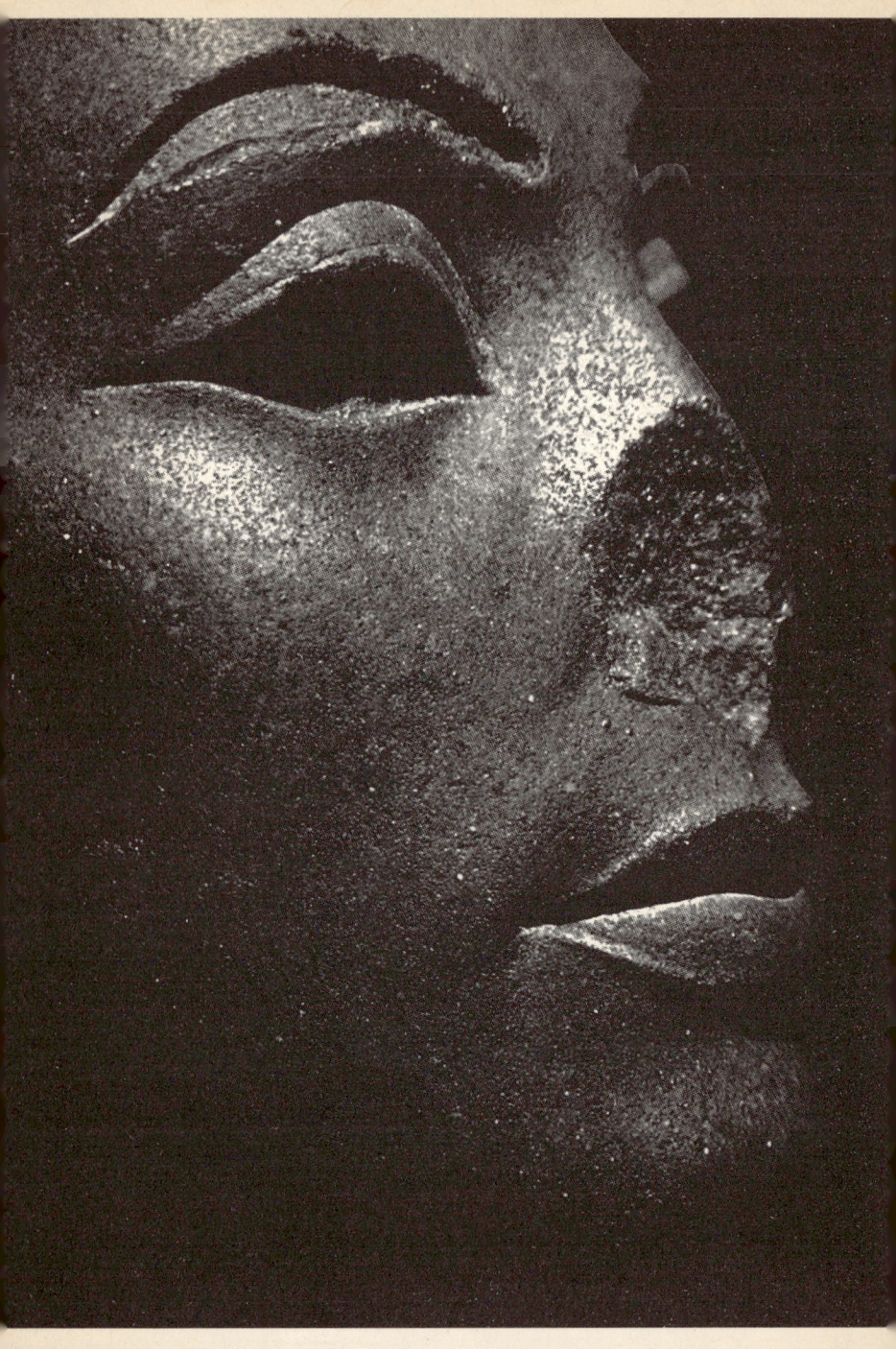

die letzten Namensringe Nofretetes, die noch nicht abgeschlagen, übermörtelt, abgekratzt und mit dem Namen Meritatons überdeckt waren, mit dem Zeichen von »Echnatons Liebling« überzogen. Nofretete indes hatte sich mit einer kleinen Hausmacht in den am nördlichen Ende Achetatons gelegenen, neu erbauten Palast »Hat-Aton« (»Die Burg Atons«) zurückgezogen.

Der rätselhafte Semenchkare, der eine so zwielichtige Rolle spielte, wird von manchen Ägyptologen als Sohn Amenophis' III. und dessen Tochter Sat-Amun angesehen. Seine Tragik liegt darin, daß er als designierter Pharao nach wenigen Jahren gemeinsamer Regentschaft mit Echnaton noch vor diesem starb. Er wurde kaum älter als zwanzig Jahre. Der Tod Semenchkares traf den Pharao schwer. Es gab kein Grab für den Mitregenten, eine größere Schande konnte einen König nicht treffen. Also mußte dem Frühverschiedenen ein bereits errichtetes Grab samt Inventar zur Verfügung gestellt werden. Der Amerikaner Theodore M. Davis fand 1907 im Tal der Könige bei Theben ein unvollendetes, halb verfallenes Grab mit einer in einem schwer beschädigten Sarkophag liegenden Mumie. Diese Mumie wurde zunächst für Teje, dann für Echnaton und schließlich für Nofretete gehalten. Erst in jüngerer Zeit stellte man fest, daß es sich um die sterblichen Überreste eines etwa zwanzigjährigen Mannes handelte.

Wahrscheinlich ist es Semenchkare: Da ist das jugendliche Alter, der Sarkophag aus dem Königshaus und ein in eben diesem Grab gefundener Kanopenkrug aus Alabaster, 37 cm hoch, mit einem wunderbaren Kopf und Halskragen als Deckel. Der Krug war für die Eingeweide des Verstorbenen bestimmt. Es ist schwierig, den Porträtkopf mit der kunstvoll gearbeiteten nubischen Perücke ohne weiteres als männlich oder weiblich zu identifizieren – immerhin

Vorhergehende Doppelseite: Ein ungleiches Pharaonenpaar – die schöne Nofretete und der häßliche Echnaton.

lassen die zarten, weichen Gesichtszüge eher auf eine Frau schließen. Zwei handwerkliche Besonderheiten fallen sofort ins Auge: an der bauchigen Vorderseite des Kruges wurde eine Inschrift nachträglich ausgemeißelt und notdürftig abgeschliffen. An der Stirn des Kopfes ist ein später eingebohrtes Loch zu erkennen, das zu nichts anderem als zur nachträglichen Anbringung des Uräus, des Königssymbols, gedient haben kann. Offensichtlich ist Semenchkare also im Sarkophag, der für Nofretete oder Meritaton bestimmt war, bestattet worden, und Kanopengefäße, die für Meritaton gedacht waren, mußten in aller Eile für einen Pharao umfunktioniert und mit königlichen Attributen versehen werden. Ob Semenchkare im Königsgrab von Amarna bestattet und später nach Theben überführt oder ob er sogleich in Theben beigesetzt wurde, ist unbekannt. Fest steht, Semenchkare hatte noch mit dem Bau eines Totentempels in Theben begonnen, er war – wie es scheint – kein Anhänger der reformatorischen Glaubenslehre.

Meritaton hatte mit dem Tod ihres Mannes ihre Macht verloren. Ein in Hermopolis, am Nilufer gegenüber Amarna, aufgefundener Steinblock erwähnt eine Meritaton-Tascherit (Meritaton die Jüngere), bei der es sich wohl nur um eine Tochter von Semenchkare und Meritaton handeln kann. Als Echnaton noch im selben Jahr wie Semenchkare starb – er war kaum dreißig Jahre alt –, da herrschte in Achetaton und im ganzen Reich totale Verwirrung.

Es gibt wenige Pharaonen, über die so viel geschrieben und so viel geforscht wurde wie über Echnaton. Dennoch hat er uns seine wahre Identität bis heute nicht offenbart. Echnatons Nachfolger waren bemüht, den schändlichen Namen aus der ägyptischen Geschichte zu streichen, und sie taten das mit Hammer und Meißel erfolgreich: Schon der heleopolitanische Priester Manetho von Sebennytos, der im dritten vorchristlichen Jahrhundert für König Ptolemäus II. eine Geschichte Ägyptens schrieb und dabei den Pharaonenkatalog in dreißig Dynastien einteilte, wußte nichts mehr von der Existenz eines Echnaton. Die späteren antiken Historiker Flavius Josephus, Sextus Julius Africanus und Eusebius berichteten zwar von »Akencheres«, »Acheres« oder »Achencherses«, doch sahen sie darin eine *Frau*.

Auch wenn Echnaton nicht so häßlich ausgesehen haben mag, wie uns die meisten seiner Darstellungen glauben machen wollen, so muß er doch eine abstoßende Erscheinung gewesen sein. Der Mumienspezialist Dr. Derry, der auch die Mumie Tut-ench-Amuns und die dem Semenchkare zugeschriebene aus dem thebanischen Grab Nr. 55 untersucht hat, kommt zu dem Schluß, daß beide dem platyzephalen, also dem breitköpfigen Menschentyp zuzuordnen seien. Wenn Tut-ench-Amun und Semenchkare – wie angenommen wird – Mitglieder des Königshauses waren, dann hätte sicher auch schon Echnaton, der direkte Nachkomme Amenophis' III., diese Breitköpfigkeit geerbt. Noch interessanter erscheint in diesem Zusammenhang, daß Eduard Meyer in seiner *Geschichte des Altertums* und C. V. A. Kappers in seiner *Introduction to the Anthropology of the Near East* der mitannischen Rasse einen dolichozephalisch verlängerten Hinterkopf attestieren, der sich nach hinten abflachte, in der Mitte leicht eingedrückt war. Dolichozephalie liegt vor, wenn der Längen-Breiten-Index der Kopfform höchstens 75 beträgt. Nofretete, die wahrscheinlich aus Mitanni kam, hat auf allen überlieferten Darstellungen diesen langgezogenen Hinterkopf, und vielleicht ist ihre Vorliebe für die Blaue Krone auf das Bedürfnis zurückzuführen, diesen Hinterkopf zu kaschieren. Nofretete und Echnaton erhoben jedenfalls die Dolichozephalie zum künstlerischen Ideal, zum Schönheitssymbol, das dann in extremer Weise bei den Prinzessinnenköpfen im Oxforder Ashmolean-Museum sichtbar wird. Die Langköpfigkeit muß keineswegs mit Schwachköpfigkeit zu tun haben, sie kann ebenso ein Zeichen von überdurchschnittlicher Intelligenz sein. Französische Neurologen kamen zu der Ansicht, der unglückliche Pharao habe an Lipodystrophie gelitten, einer Krankheit, bei der sich der Oberkörper durch Schwinden des Unterhautfettes zurückbildet, während das Fettgewebe an Gesäß und Schenkeln zu wuchern beginnt.

Das unbezeichnete Porträt zeigt Nofretete in jungen Jahren. Daß es sich um Nofretete handelt, dafür sprechen die leicht abstehenden Ohren und die nicht ganz geöffneten oberen Augenlider. Das Streifenband auf der Stirn deutet darauf hin, daß dieser Nofretete-Kopf mit einer Krone, vermutlich der von ihr bevorzugten Königinnenkappe, versehen war.

Bei all diesen Theorien handelt es sich um Deutungsversuche. Fest steht, daß Echnaton nach dem Jahr 5 seiner Regierung anatomisch deformiert dargestellt wurde – welchen Stellenwert dabei die künstlerische Ideologie besaß, wissen wir nicht. Fest steht aber auch, daß Echnaton mit zunehmendem Alter immer merkwürdiger handelte. Bis zum Jahre 12, in dem sie zum letzten Mal genannt wird, ist

Nofretete gewiß die Überlegene von beiden. Das mag dem jüngeren Pharao zunächst von Nutzen gewesen sein, möglicherweise entwickelten sich aber daraus in späterer Zeit die Haßgefühle gegen die schöne Königin.

Nofretete, die – nachdem wir von ihren vier jüngeren Töchtern ebensowenig hören wie von ihr selbst – offensichtlich mit Anchesenpaton, Neferneferuaton Tascherit, Neferneferure und Setepenre in ihrem Palast »Hat-Aton« lebte, sah nach dem Tode Echnatons noch einmal eine Chance, ihre frühere Macht zurückzugewinnen. Es spricht für ihre Intelligenz, daß sie sich in einer Botschaft ausgerechnet an den gefährlichsten Widersacher Ägyptens wendet, an den Hethiter-König Schuppiluliuma. Nofretete schreibt: »Mein Gatte ist tot, und ich habe keinen Sohn. Die Leute sagen, daß deine Söhne erwachsen sind. Wenn du mir einen deiner Söhne schickst, wird er mein Gatte werden, denn ich will keinen von meinen Untertanen nehmen, um ihn zu meinem Gatten zu machen. – Die Königin.«

Dieser undatierte Brief trägt weder eine Namensanrede noch eine Namensunterschrift. Er wurde deshalb vielfach Tut-ench-Amuns Gattin Anchesenamun zugeschrieben. Führende, auf die Amarna-Zeit spezialisierte Ägyptologen wie Donald B. Redford, schreiben den Brief jedoch Nofretete zu. Nur eine reife, kluge, emanzipierte Frau wie sie konnte in dieser Situation so handeln. Selbst Schuppiluliuma, der Hethiter-König, war verblüfft ob dieses Begehrens und schickte seinen Kammerherrn Chattu-Zitisch nach Ägypten, um nachzuforschen, ob das Ganze nicht eine List sei.

Für Nofretete indes wurde die Zeit immer knapper. Innerhalb von neunzig Tagen mußte der Pharao bestattet und ein Nachfolger gefunden werden. Als Schuppiluliuma aus Ägypten erfahren hatte, daß wirklich ein Prinz gebraucht wurde, da schickte er seinen Sohn Zannanza; doch der ward auf der Reise ermordet. Und damit hatten sich alle Pläne Nofretetes zerschlagen.

Oben: Schminktopf der Sat-Amun, der ältesten Tocher Amenophis' III. Der kahlköpfige Diener mit dem Gefäß auf den Schultern macht eine Kniebeuge, bei der sein Knie jedoch nicht den Boden berührt.

Links: Eine Alabastervase mit Sockel und Aufbau aus dem Grab Tut-ench-Amuns. Am Sockel halten zwei Horusfalken die Namenskartusche des Pharaos. Die eigentliche Vase wird flankiert von zwei Dienern, die das Symbol der Vereinigung von Ober- und Unterägypten halten.

Oben: Die von Heinrich Schliemann 1876 in einem Schachtgrab gefundene goldene Totenmaske aus Mykene. Hier hat der ägyptische Totenkult Pate gestanden.

Rechts: Anchesenamun mit ihrem Mann in einer Gartenlaube. Die Szene ziert den Deckel einer Elfenbeintruhe. Anchesenamun überreicht ihrem Gemahl einen Strauß mit Blumen und Mandragorafrüchten, den sogenannten Liebesäpfeln. Die Dienerinnen (unten) haben sie gepflückt.

Oben: Schmuck hatte im alten Ägypten zunächst eine religöse Funktion. Dieses Pectorale (Brustschmuck) aus dem Grab des Tut-ench-Amun ziert ein geflügelter Skarabäus, das Symbol der Sonne. Der Sonnengott wurde jeden Morgen neu geboren, und dem Toten, dem das Pectorale beigegeben war, sollte es im jenseitigen Leben genauso ergehen.

Rechts: Die goldene Totenmaske Tut-ench-Amuns weist nach Ansicht von Experten große Ähnlichkeit mit dem früh verstorbenen Herrscher auf. Sie besteht aus gehämmertem Gold von 22 Karat, eingelegtem Lapislazuli und farbigem Glasfluß.

Links einer der vier Eingeweidesärge des Tut-ench-Amun. Der senkrechte Hierogly-
phentext lautet: »Spruch der Isis: Ich lege meine Hand auf das, was in mir ist, ich
gewähre Schutz für Imset, der in mir ist, für Imset, den königlichen Osiris Tut-ench-
Amun, den Gerechtfertigten vor dem vollendeten Gott.« Rechts ein Uschebti. Die
vier senkrechten Hieroglyphenkolumnen zitieren das 6. Kapitel des Ägyptischen
Totenbuches.

Tut-ench-Amun als Horus harpuniert den in ein Nilpferd verwandelten Seth. Diese vergoldete Holzstatuette aus dem Grabschatz des Pharaos lag in ein Leinentuch gehüllt in einem der zahlreichen Kästen.

Ramses II. wurde ein halbes Jahrhundert nach Nofretete und Echnatons Tod Pharao.
Während seiner 67jährigen Regierung beseitigte er die letzten Spuren der Amarna-
Zeit.

Es schien, als hielte Ägypten den Atem an. Echnaton, der Pharao, Herrscher und Despot, Priester und Prophet, war tot, ein männlicher Nachkomme fehlte, ein möglicher Nachfolger, der Hethiter-Prinz Zannanza, war ermordet, und so kam wieder einmal einer Frau die Aufgabe zu, die Dynastie zu erhalten. Nofretete hatte nach der Ermordnung des ihr als Ehegemahl zugedachten Zannanza keine Hoffnung mehr auf den Thron. Nicht sie wurde neue Königin, sondern Anchesenpaton, ihre dritte Tochter, die ihr Vater Echnaton noch in seinem vorletzten Regierungsjahr geehelicht hatte. Ob eine Absprache zwischen Mutter und Tochter vorlag, ob die Mutter der Tochter unter dem Druck des Militäts den Vortritt lassen mußte; wir wissen es nicht; wir wissen nur, daß Anchesenpaton, die dreizehnjährige Witwe Echnatons, um das Jahr 1346 den elfjährigen Prinzen Tut-ench-Aton ehelichte. Wer war dieser Tut-ench-Aton?

Historische Dokumente sprechen von einem »Prinzen« Tut-ench-Aton, so daß dieser mindestens zur Hälfte königlichen Geblüts sein mußte. Ein Sohn Echnatons und Nofretetes kann er nicht gewesen sein, denn dann wäre das Kind noch vor der fünften Tochter Neferure geboren und mit Sicherheit historisch dokumentiert worden. Vielleicht war der Prinz aber ein illegetimer Sproß oder ein Sohn der Teje, wobei die Frage nach dem Vater gestellt werden muß: Amenophis III. kommt nicht in Frage, er starb mindestens sechs Jahre vor Tut-ench-Atons Geburt. Damit finden Spekulationen um eine Liaison zwischen Echnaton und seiner Mutter Teje neue Nahrung.

Der elfjährige Pharao und seine nur wenig ältere Gemahlin waren nichts weiter als Marionetten in den Händen ihrer Berater. Zu ihnen gehörte Eje, seit zwei Königsgenerationen graue Eminenz am

Links: Der Kindkönig Tut-ench-Amun, Goldstatuette auf einem Zeremonienstab.

Rechts: Sandale Tut-ench-Amuns mit Darstellungen seiner Feinde, die er »mit Füßen trat«.

Hofe des Pharaos. Er übernahm die höchsten Staatsämter, das des Wesirs und das des Reichsverwesers. Geschickt verstand er es, Schlüsselpositionen im Staat mit Verwandten zu besetzen. Der schwindende Einfluß bei den Vasallenvölkern an den Grenzen des Reiches ließ bei den friedlichen Bewohnern des Nillandes die Rufe nach einer schlagkräftigen Armee immer lauter werden. Haremhab, ein karrieresüchtiger Offizier und grausamer Haudegen, war in dieser Situation der richtige Mann für das Amt des Generals und leitenden Ministers. Und so blieb Tut-ench-Aton, dem Kindkönig, nur ein Repräsentationsamt. Er trat es noch in Achetaton an, wo seiner Frau Anchesenpaton im großen Aton-Tempel eine eigene Kapelle zugedacht war.

Aber schon in der von seinem Vorgänger erbauten Hauptstadt scheint sich Tut-ench-Aton um die Restauration der alten Tempel und Götter in Theben und anderswo gekümmert zu haben; denn noch bevor er Achetaton den Rücken kehrte, und bevor er seinen Namen in Tut-ench-*Amun* änderte, ließ er auf einer Quarzitstele (Ägyptisches Museum Kairo) verkünden:

»Er festigte, was verfallen war unter den Denkmälern, bis an die Grenzen der Ewigkeit. Er vertrieb das Sündige im ganzen Land, indem die Wahrheit auf ihrem Platz bleibt. Er läßt die Lüge ein Abscheu und das Land wie in seiner Urzeit sein. Es bestieg Seine Majestät den Thron des König, als die Tempel der Götter und Göttinnen von Elephantine bis zu den Marschen des Deltas im Begriff waren, vergessen zu werden und ihre Heiligtümer anfingen zu vergehen, indem sie Schutthügel wurden, mit Kraut bewachsen. Und ihre Allerheiligsten waren, als seien sie nie gewesen, und ihre Gebäude ein Fußweg. So machte das Land eine Krankheit durch, und die Götter vernachlässigten dieses Land. Wenn man Soldaten nach Syrien schickte, um die Grenzen Ägypten zu erweitern, so hatten sie nie irgendeinen Erfolg. Wenn man einen Gott anflehte, um von ihm etwas zu erbitten, so kam er nicht; und wenn man ebenso eine Göttin anging, so kam sie nicht. Die Herzen der Menschen waren schwach, und sie hörten auf zu schaffen.«

Tut-ench-Amun und seine Frau, die sich nun Anchesen*amun* nannte, zogen aber nicht nach Theben in die alte Hauptstadt des Amun, sondern nach Memphis. »Der Horizont des Aton«, die Hauptstadt der nicht einmal anderthalb Jahrzehnte währenden Amarna-Epoche, lag verlassen. Aton, das monotheistische Leitbild in einer Welt der Göttermyriaden, hatte sich als zu schwach erwiesen, als zu abhängig von einem einzigen Herrscherpaar. Echnaton, der unter dem Einfluß Semenchkares wohl noch zu Lebzeiten an sich und seinem Gott Aton zu zweifeln begann, war tot. Nofretete, verlassen und enttäuscht, starb irgendwann während des großen Exodus in Amarna. Sie wurde sicherlich nicht älter als siebenunddreißig Jahre. Tut-ench-Amun aber wurde unter dem Druck seiner Berater einer, »der sein Leben damit verbrachte, Götterbilder anfertigen zu lassen« (Beiname auf seinen Grabsiegeln).

Die brisante außenpolitische Lage führten die Ägypter auf die Ächtung der alten Götter zurück. »Schickte man Botschafter an die phönizische Küste, um die Grenzen Ägyptens zu erweitern, so war ihnen kein Erfolg beschieden. Wandte man sich an den Gott, um die Dinge seiner Fügung anzuvertrauen, so kam er nicht«, heißt es auf dem zitierten Denkstein. Tut-ench-Amun installierte eine neue Priesterschaft, die er aus Männern von gutem Leumund rekrutierte, er stellte eigene Hofbeamte ab und verteilte Pachtland an die Tempelstätten. Auch wenn er an den Tempelwänden von Luxor einen anderen Anschein erweckt, so führte er doch zeit seines Lebens keinen einzigen Feldzug durch. Dies veranlaßte den Entdecker seines Grabes im Tal der Könige, den Engländer Howard Carter, zu der zynischen Bemerkung, das einzig Bemerkenswerte an seinem Leben habe darin bestanden, daß er er starb und begraben wurde.

Dieses Begräbnis nach neunjähriger Regierung scheint überaus schlicht gewesen zu sein. Das ist nur durch einen unerwartet frühen, möglicherweise gewaltsamen Tod zu erklären. Dennoch bleibt Howard Carters Entdeckung des Grabes im Jahre 1922 die größte archäologische Sensation des Jahrhunderts; denn bis heute ist es das einzige Pharaonengrab, das uns ungeplündert erhalten blieb. Zur eigentlichen Graböffnung am 26. November 1922 hatte Howard Carter seinen Finanzier, den englischen Lord Carnarvon, und dessen Tochter, Lady Evelyn Herbert, nach Luxor kommen lassen. Er selbst schildert die letzten erregenden Minuten vor der Graböffnung so:

»Langsam, verzweifelt langsam, so schien es, wurden die Geröllreste aus dem Gang fortgeschafft, die das untere Ende der Tür versperrten, bis wir schließlich die ganze Tür vor uns hatten. Der entscheidende Augenblick war gekommen. Mit zitternden Händen schlug ich eine kleine Öffnung in die linke obere Ecke. Dunkelheit und Leere zeigten, so weit eine hindurchgestreckte Eisenstange reichte, daß das, was hinter der Tür lag, leer und nicht wie der eben ausgeräumte Gang ausgefüllt war.

Namenskartusche Haremhabs.

Kerzenproben wurden aus Vorsicht gegen möglicherweise vorhandene giftige Gase gemacht, dann erweiterte ich das Loch, führte eine Kerze hindurch und spähte hinein, während Lord Carnarvon und Lady Evelyn sowie Callender (ein Ausgräber) neben mir standen, begierig, mein Urteil zu hören. Zuerst konnte ich nichts sehen, da die aus der Kammer entwichene heiße Luft das Licht der Kerze zum Flackern brachte. Als meine Augen sich aber an das Licht gewöhnten, tauchten bald Einzelheiten im Innern der Kammer aus dem Nebel auf, seltsame Tiere, Statuen und Gold – überall glänzendes,

Pharao Eje als Nilgott mit den Leben spendenden Brüsten.

schimmerndes Gold; den anderen, die neben mir standen, muß es wie eine Ewigkeit erschienen sein – ich war vor Verwunderung stumm.«

Trotz aller Pracht müssen wir uns vor Augen halten, daß das Grab Tut-ench-Amuns in seiner Anlage ein bescheidenes Beamtengrab und in seiner Ausstattung nur ein matter Abglanz pharaonischer Prachtentfaltung war. Die Gruft ohne Scheingräber, ohne Scheintüren und ohne jede Malerei oder Reliefkunst an den Wänden – mit Ausnahme des Sargraumes – ist ohne Beispiel für einen König der 18. Dynastie.

Röntgenologische Untersuchungen an der Mumie haben Hinweise erbracht, daß der junge Pharao keines natürlichen Todes gestorben ist und dieses Grab folglich sehr schnell benötigte. Tut-ench-Amun hat ein Loch in der Schädeldecke des Hinterkopfes, wie es von einem Keulenschlag oder einer Speerspitze herrühren könnte. Starb der kleine König durch Mörderhand? Viele sehen Eje, den »Gottesvater« und Nachfolger Tut-ench-Amuns, als Tuts Mörder an, eine Annahme, die bisher nicht erhärtet werden konnte. Eje ist es jedenfalls, der an der Hauptwand der Sargkammer an der Mumie Tut-ench-Amuns die Mundöffnungszeremonie vornimmt und sich damit als legitimer Nachfolger präsentiert.

Anchesenamun, nicht viel älter als zwanzig Jahre, war zum zweiten Mal Witwe geworden. Sie hatte während ihrer Ehe mit Tut-ench-Amun zwei Frühgeburten, beide waren Mädchen. Ihre Mumien wurden nach alter Tradition dem Vater mit ins Grab gegeben. Doch das Unglaubliche geschah. Der über siebzigjährige Reichsverwalter Eje, der nun bereits den dritten Pharao überlebt hatte, freite die junge Witwe Anchesenamun. Noch einmal war die Dynastie gerettet, noch einmal blieb das Blutband in direkter Linie erhalten, noch einmal wurde die dritte Tochter Nofretetes Königin von Ägypten.

Vier Jahre regierte Eje als Pharao, aus seiner Regierungszeit sind jedoch keinerlei Fakten bekannt. Als er starb, riß der zweite starke Mann im Staat die Macht an sich, General Haremhab. Er machte sich zum Pharao und besann sich einer Praktik, die im Neuen Reich schon des öfteren herhalten mußte, wenn ein Geschlecht keine Nachkommen hervorgebracht hatte – des Gottesurteils. Der Horus von Hnes, seiner Heimatstadt, habe ihm die Pharaonenwürde verheißen, ließ er auf seiner Krönungsstatue (Ägyptisches Museum, Turin) verlauten. Einziges Zugeständnis und Rehabilitation gegenüber der Dynastie war seine Eheschließung mit Mutnedjemet, einer jüngeren Schwester Nofretetes.

König Haremhab war konservativ und reaktionär. Tut-ench-Amun und Eje hatten Aton und die Denkmäler der Amarna-Zeit wenigstens noch toleriert, Haremhab tilgte den Namen Aton, wo immer er ihn antraf, und ließ zu Ehren des Reichsgottes errichtete Bauwerke schleifen – z. B. seinen Tempel in Karnak. Die »Ketzer«

Mutnedjemet, Schwester Nofretetes und Gemahlin Haremhabs.

Nofretete und Echnaton durften nicht mehr genannt werden. Der Bilderstürmer handelte jedoch nicht nur aus religionspolitischen Motiven. Selbstherrlich usurpierte er Kunstwerke seiner Vorgänger, ließ Beschriftungen beseitigen und seinen eigenen Namen darübersetzen. In seinem Fanatismus ging Haremhab so weit, zwischen den Reformator Echnaton und dem Reaktionär Tut-ench-Amun nicht mehr zu unterscheiden, er versuchte, beide der Namenlosigkeit preiszugeben.

In knapp dreißig Regierungsjahren gelang es ihm, das Andenken seiner Vorgänger so gründlich zu vernichten, daß es der Geschichtsforschung heute schwerfällt, über Tut-ench-Amun und Eje gültige Aussagen zu machen; und ein Rätsel wird es wohl immer bleiben, warum Haremhab alles an seine Vorgänger Erinnernde zerstörte oder auslöschte, das Grab des Kindpharaos aber unangetastet ließ. Die Grabstätte Ejes dagegen fiel der Plünderung anheim. Denkmäler Nofretetes, Echnatons und Tut-ench-Amuns in Karnak, die er schliff, fanden als Bau- und Füllmaterial für den zweiten und neuen Pylon der Karnak-Tempelanlage Verwendung. Heute sind diese mit szenischen Darstellungen versehenen Steine, die derzeit abgebaut und wissenschaftlich ausgewertet werden, eine der wichtigsten Geschichtsquellen über die »Ketzerei«.

Unter Haremhab wurde die alte Hierarchie des Priester- und Beamtenstaates wiederhergestellt. Das »Dekret des Haremhab«, eine Art Strafrechtskodex, regelt das Zusammenleben »in dem Land, das sich verjüngt hatte und froh im Jubel war«, es setzte Steuern und Abgaben fest, »um die Fälle von Unrecht in diesem Land zu beseitigen«. Der traditionelle Begriff *Maat* (Wahrheit) kam zu neuer Bedeutung, Haremhab gab vor, »abzuwehren die Sünde und zu vertreiben die Lüge«, doch er baute nur das alte korrupte Staatssystem wieder auf, von dem Echnaton sich mit Abscheu getrennt hatte. Der neue Gesetzeskodex verschaffte dem Pharao und der Oberhoheit freilich mehr Vorteile als dem Bürger. Haremhab, »der Geliebte des Amun, der die Scheunen mit Gold und Silber von den Abgaben aller Fremdländer füllte«, verfügte zum Beispiel, einen

reichen Lehensmann, der von Dienern des Pharaos seiner Abgaben beraubt worden war, nicht zu bestrafen, wenn er nicht zahlen konnte, schließlich habe er doch die gute Absicht gehabt. Wenn ein Soldat einem armen Bauern das als Tribut bereitgelegte Rinderfell gestohlen hatte, so sah für ihn das Gesetz »100 Stockschläge mit fünf blutenden Wunden« vor, und das Fell mußte er zurückgeben. Mit Abschneiden der Nase und Deportation ins unwirtliche Sile wurde geahndet, wenn ein Beamter das Schiff eines Lehensmannes für sich mit Beschlag belegte, an einem Tag, an dem es der Pharao selbst für seine Begleitung haben wollte.

Haremhab reorganisierte ganz Ägypten, wo immer es zum Vorteil des Staatsapparates war, und er nahm höchstpersönlich alle Provinzen in Augenschein. »Ich durchfuhr das Land bis zum Süden«, heißt es in seinem Dekret, »ich berechnete die Tribute und den Unterhalt. Ich kenne das Innere des Landes in seiner ganzen Länge... Ich suchte Menschen, forschte nach Beamten, die vollkommen an Rede und mit gutem Charakter waren, die zu richten verstehen, was im Körper ist, und die auf die Worte des Königshauses und die Gesetze der Wache hören. Ich beförderte sie zum Richten der beiden Länder und zum Zufriedenstellen dessen, der im Palast ist. Ich setzte sie in die beiden großen Städte Ober- und Unterägyptens, indem ein jeder seine Einkünfte in ihnen hatte, ohne daß es eine Ausnahme davon gab. Ich gab ihnen Vorschriften und Gesetze in ihre Bücher. Ich wies sie auf den Weg des Lebens, indem ich sie zur Wahrheit leitete und sie folgendermaßen belehrte: Gesellt euch nicht zu anderen Menschen. Nehmt nicht von anderen

Links: Als Howard Carter die Vorkammer zum Grab des Tut-ench-Amun öffnete, fand er Kästen und allerlei Gerätschaften bunt durcheinandergewürfelt, was die Vermutung nahelegte, daß in früherer Zeit bereits einmal Grabräuber bis hierher vorgedrungen waren. In der Mitte des Bildes erkennt man die kleine bemalte Holztruhe, die auch unten abgebildet ist. Die Längsseite zeigt Tut-ench-Amun als Jäger und Krieger. Die Szene war wohl eher eine Wunschvorstellung, denn der Nachfolger Echnatons führte keinen einzigen Feldzug.

Geschenke an. Das gerät nicht. Was aber die Bezahlung in Silber, Gold und Kupfer angeht, so befahl Seine Majestät, davon abzulassen, damit man nicht Bezahlung irgendwelcher Art von den Leuten der Gerichtshöfe von Ober- und Unterägypten entgegennehmen läßt, und was jenen Bürgermeister oder Propheten angeht, von dem man folgendes hört: Er sitzt, um Recht zu sprechen, im Gerichtshof, der zum Richten eingerichtet ist, und begeht darin ein Vergehen gegen die Gerechtigkeit, so wird das für ihn ein großes, todeswürdiges Verbrechen. Denn Seine Majestät hat das getan, um die Gesetze des Landes zu reorganisieren und um nicht zuzulassen, daß ein weiterer Fall von Ungerechtigkeit geschieht, und um alle, die Verhörende des Gerichts sind, auf den Weg der Gerechtigkeit zu bringen.«

Kein Zweifell, die Reorganisation des Staatswesens unter Haremhab war vollkommen. Sein Schicksal war es freilich, daß mit ihm die 18. Dynastie endgültig beendet war und einem neuen Pharaonengeschlecht mit neuen Ideen Platz machen mußte. Haremhab hatte, eingedenk der Komplikationen um die standesgemäße Bestattung seiner vier Vorgänger, frühzeitig vorgesorgt. Noch in seinen Generalstagen hatte er sich in Sakkara, der Totenstadt von Memphis, eine respektable Grabstätte bauen lassen, die der Engländer Geoffrey Martin im Winter 1975/76 wiederentdeckt hat. Als Pharao stand Haremhab aber auch ein Grab im Tal der Könige zu, in dem er

Links: Unter einer schweren Glasplatte liegt die Mumie Tut-ench-Amuns noch heute in seinem Grab im Tal der Könige bestattet. Die Sargkammer ist der einzige Raum des sonst schmucklosen Grabes, den Wandmalereien zieren. Der Pharao (Zweiter von links) umarmt den Totengott Osiris, hinter Tut-ench-Amun steht sein Ka, sein Schutzgeist. Dahinter die Himmelsgöttin Nut und Tut-ench-Amun mit Kurzhaarperücke.

Folgende Doppelseite: Haremhab, der letzte Pharao der 18. Dynastie, ließ sich, noch bevor er König wurde, in Sakkara ein Grab bauen. Später bekam er ein zweites, standesgemäßes im Tal der Könige. Aus dem Sakkara-Grab stammt dieses Kalksteinrelief, das Haremhab umgeben von Höflingen zeigt.

schließlich auch zur letzten Ruhe gebettet wurde. Dies scheint nicht von vornherein beabsichtigt gewesen zu sein. Immerhin wurde das Grab Haramhabs in Sakkara, das künstlerisch deutliche Spuren der Amarna-Zeit trägt, soweit auf den letzten Stand gebracht, daß der Grabinhaber auf allen Darstellungen provisorisch mit den Königsinsignien versehen wurde.

Die 18. Dynastie, die mit Ahmose so vielversprechend begonnen, die mit den Thutmosiden einen machtvollen Höhepunkt und mit Echnaton und Nofretete eine soziale, politische und religiöse Revolution erfahren hatte, diese 18. Dynastie endete kraftlos, ideenlos, zukunftslos. Das amarnische Abenteuer, bei dem zum ersten Mal das Volk, der Mensch, zu voller Geltung kam, es war an sich selbst gescheitert, an eben diesem Individualismus seiner Leitfiguren. Gemeinsam war Haremhab und Echnaton nur der verzweifelte und auf ganz verschiedenen Motiven aufgebaute Versuch, der immer schwächer werdenden Macht des Pharaos zu neuem Ansehen zu verhelfen. Was der eine mit Hilfe des Volkes zu erreichen glaubte, versuchte der andere mit einer neuinstallierten Priester- und Beamtenschaft zu erringen. So schien es kurz vor der Wende vom 14. zum 13. Jahrhundert v. Chr., als wartete das Nilland auf eine große Herrscherpersönlichkeit. Diese kam schließlich aus dem östlichen Nildelta, aus einer Familie, deren Söhne seit Generationen Sethos oder Ramses hießen.

Anhang

Chronologie der ägyptischen Geschichte

Nach Eberhard Otto, *Ägypten, der Weg des Pharaonenreiches*, Stuttgart, 4. Auflage 1966 (gestützt auf E. Drioton/J. Vandier, *L'Egypte*, Paris, 4. Auflage 1962).

Zeit	Politische Geschichte	Religions- und Kunstgeschichte
Prähistorische Zeit 5./4. Jahrtausend	5000–4000 Jungsteinzeit 4000–3000 Kupfersteinzeit Gegenübertreten von oberägyptischem Nomadentum und unterägyptischem Bauerntum.	Totemistische Vorstellungen. Tier- und pflanzengestaltige Lokalgottheiten. Verehrung der Muttergöttin. Geometrische Ornamentik der Jungsteinzeit.
Frühzeit etwa 3000 bis 2650	Vormachtstellung der Städte Buto, Hierakonpolis und Abydos. Vorthinitische Könige: »Skorpion«, Narmer. 1.–2. Dynastie, Thinitenzeit, etwa 2850–2650 Könige der 1. Dynastie: Menes, »Schlange«	Anthropomorphisierung der Gottesgestalt. Personifizierung der Naturkräfte. König = Inkarnation des Weltgottes Horus. Erste Schriftsymbole auf Denkmälern von Hierakonpolis. Schminkpaletten (berühmt die des Narmer). Höhepunkt der Elfenbeinschnitzerei.
Altes Reich etwa 2650 bis 2189	3.–8. Dynastie: Hauptstadt Memphis 3. Dynastie: König Djoser 4. Dynastie um 2600–2480: Snofru, Cheops, Chefren, Mykerinos. 5. Dynastie um 2480–2350: Sahure, Unas. 6. Dynastie: Phiops II.	Theologische Systeme von Heliopolis (Sonnengott Re, Ortsgott Atum) und von Memphis (Ortsgott Ptah). König = Sohn des Re. Erbauung der Pyramiden ab der 3. Dynastie. Stufenpyramide des Djoser als erster großer Steinbau der Welt. Sphinx von Gizeh (4. Dynastie). Offene Sonnentempel (5. Dynastie). Reliefs im Grab des Ti.

Zeit	Politische Geschichte	Religions- und Kunstgeschichte
Erste Zwischenzeit etwa 2189 bis 2040	9.–10. Dynastie: Herakleopolitenzeit. Zerfall des Reiches in die Machtgebiete von Herakleopolis und Theben.	Lehre vom Ba. Sich anbahnende Entwicklung, daß jeder Verstorbene zum Osiris wird. Abydos = Hauptort der Osiris-Verehrung. Gedanke des Totengerichts. Ältere Sargtexte. Verfall bzw. Stagnierung der Plastik.
Mittleres Reich etwa 2040 bis 1658	11. bis frühe 14. Dynastie. 11. Dynastie: Königsnamen Mentuhotep. Hauptstadt wird Theben. 12. Dynastie (um 1991 bis 1786): Residenz beim Fajjum. Königsnamen Amenemhet und Sesostris. 13. Dynastie: Königsnamen Sebekhotep.	Aufkommen des Amun-Kultes in Theben. Jüngere Sargtexte. Zu Heliopolis ältester erhaltener Obelisk. Gaufürstengräber von Beni Hasan. Erstes Vorkommen der sogenannten Würfelhocker und der Hathorsäule. Totentempel Amenemhets III. (bekannt als »Labyrinth«).
Zweite Zwischenzeit etwa 1658 bis 1552	15.–16. Dynastie: Fremdherrschaft der Hyksos; Residenz Auaris. In Theben einheimische 17. Dynastie.	Eindringen syrischer Götter; Baal wird Seth gleichgesetzt (Reichsgott unter den Hyksos). Letzte Königsgräber in Pyramidenform (17. Dynastie).
Neues Reich	18.–20. Dynastie. 18. Dynastie (1552–1306) Könige Amenophis I., Thutmosis I., Königin Hatschepsut, Thutmosis III. (unterwirft große Teile Syriens), Amenophis III., Amenophis IV. = Echnaton, Nofretete (Residenz: Amarna), Tut-ench-Amun.	Amun wird Reichsgott. Unter Nofretete und Echnaton an den Monotheismus grenzender Aton-Glaube. Das Totenbuch gehört zur Grabausstattung. Ausbau des Amun-Tempels in Theben. Totentempel der Hatschepsut zu Der el-Bahari. Memnonkolosse (Sitzstatuen Amenophis' III.). Gräber des Nacht und Ramose. Naturalistische Kunst der Amarna-Zeit.

Zeit	Politische Geschichte	Religions- und Kunstgeschichte
1552 bis 1070	19. Dynastie (1306–1186) Sethos I., Ramses II. (Ausgleich mit den Hethitern. Neue Residenz: Ramses-Stadt). 20. Dynastie (1186–1070) Könige Ramses III. (letzte große Machtentfaltung) bis Ramses XI.	Totentempel Sethos' I. zu Abydos. Felsentempel zu Abu Simbel. Bau des »Großen Tempels« von Medinet Habu (von Ramses III. begonnen).
Übergang zur Spätzeit 1070 bis 663	21.–25. Dynastie. 21. Dynastie residiert in Tanis. In Oberägypten der »Gottesstaat des Amun«. 22. Dynastie (950–730) durch libysche Söldnerführer in Bubastis gegründet. 23. Dynastie und in Sais die 24. Dynastie (ebenfalls Libyer). 25. Dynastie äthiopischer (nubischer) Fremdherrschaft. 671 Assyrer erobern Ägypten.	Die bisher als Offenbarungsträger heilig gehaltenen Tiere werden nun selbst Verehrungsobjekte, besonders Stier, Krokodil und Katze (zunehmende Bedeutung der Göttin Bastet). Häufige Darstellung von Figuren, die einen Naos tragen. Äußerst realistisch gestaltete Statuen unter der 25. Dynastie.
Spätzeit 663 bis 332	26.–30. Dynastie. 26. Dynastie (663–525) Könige Psammetich I. und Necho residieren in Sais. 27. Dynastie. Fremdherrschaft der Perser. 28.–30. Dynastie mit den letzten einheimischen Fürsten im Delta. König Nektanebos I.	Die Theologisierung der Religion führt zu einer volkstümlichen Gegenströmung, getragen von magischen Vorstellungen und Praktiken. Sogenanntes Serapeum (Anlage für die Apis-Gräber) des Psammetich I. zu Sakkara.
Griechische Zeit 332 bis 30 v. Chr.	332 Eroberung Ägyptens durch Alexander d. Gr. Dynastie der Ptolemäer mit der Hauptstadt Alexandria.	Ptolemaios I. prägt das Bild des hellenistisch-ägyptischen Mischgottes Serapis. Ausbreitung des Isis-Kultes über Ägypten hinaus. Chnum-Tempel in Esne. Horus-Tempel in Edfu. Hathor-Tempel in Dendera. Doppeltempel für Suchos und Haroeris in Kom Ombo.

Die Pharaonen der 18. bis 20. Dynastie

(nach Erik Hornung)

18. Dynastie	*sicher*	*wahrscheinlich*
Ahmose	1559/45–1534/24	Frühjahr 1552–Sommer 1527
Amenophis I.	1534/24–1514/04	Sommer 1527–22. 3. 1506
Thutmosis I.	1514/04–1501/1491	23. 3. 1506–Dezember 1494
Thutmosis II.	1501/1491–1490	Dezember 1494–30. 4. 1490
Hatschepsut	1. 5. 1490–1469/68	1. 5. 1490–30. 1. 1468
Thutmosis III.	1. 5. 1490–14. 3. 1436	
Amenophis II.	16. 11. 1438–1412/11	16. 11. 1438–September 1412
Thutmosis IV.	1412/11–1405/02	September 1412–6. 6. 1402
Amenophis III.	1405/02–1367/63	7. 6. 1402–August 1364
Amenophis IV. = Echnaton	} 1368/63–1351/45	August 1364–Februar 1347
Semenchkare		Anfang 1351–Ende 1348
Tut-ench-Amun	1351/45–1342/36	Februar 1347–Anfang 1338
Eje	1342/36–1337/31	Anfang 1338–1334
Haremhab	1337/31–1307/01	1334–Ende 1306

19. Dynastie		
Ramses I.	1307/01–1306/00	Ende 1306–Anfang 1304
Sethos I.	1306/00–1290	Anfang 1304–2. 6. 1290
Rames II.	Juni/Nov. 1290–Sommer 1224	3. 6. 1290–12. 7. 1224
Merenptah	Sommer 1224–1211/04	13. 7. 1224–Januar 1204
Amenmesse	1211/04–1206/1199	Januar 1204–Dezember 1200
Sethos II.	1206/1199–1200/1193	Dezember 1200–Oktober 1194
Siptah	} 1200/1193–1192/85	Oktober 1194–Anfang 1188
Tausret		Oktober 1194–1186

20. Dynastie		
Sethnacht	1192/85–1190/83	1186–6. 3. 1184
Ramses III.	1190/83–1159/52	7. 3. 1184–16. 4. 1153
Ramses IV.	1159/52–1152/45	17. 4. 1153–Januar 1146
Ramses V.	1152/45–1147/40	Januar 1146–Oktober 1142
Ramses VI.	1147/40–1140/33	Oktober 1142–Frühjahr 1135
Ramses VII.	1140/33–1133/26	Frühjahr 1135–1129
Ramses VIII.	1133/26–1130/23	1129–Juni 1127
Ramses IX.	1130/23–1112/05	Juni 1127–Sommer 1109
Ramses X.	1112/05–1103/1096	Sommer 1109–Mai 1099
Ramses XI.	1103/1096–1073/66	Mai 1099–1070

Hethitische Herrscher zur Zeit Nofretetes

König	sicher	wahrscheinlich
Schuppululiuma	1380/69–1341/30	1370–1336
Arnuwanda II.		1336–1335
Mursilis II.	1341/28–1319/1290	1335–um 1300
Muwatallis	1319/1290–1286/79	um 1300–1285
Urhi-Tesub	1286/79–1279/72	1285–1278
Hattusilis III.	1279/72–1256/43	1278–um 1250
Tudhalija IV.	1256/43–1224/10	um 1250–1220

Babylonische Herrscher zur Zeit Nofretetes

König	sicher	wahrscheinlich
Kadaschmancharbe I.	} 1402/1375–1397/70	um 1395–1385
Kurigalzu I.		
Kadaschman-Enlil I.	1397/70–1375/64	um 1385–1370
Burnaburiasch II.	1375/64–1350/37	1370–1343
Karakindasch	} 1350/37–1344/35	1343–1341
Nazibugasch		1341–1340
Kurigalzu II.	1344/35–1322/13	1340–1318

Mitannische Herrscher zur Zeit Nofretetes

König	sicher	wahrscheinlich
Schutarna	1411/1463–1395/1382	
Tuschratta	1395/1382–1342/1333	

Literaturverzeichnis

Akurgal, Ekrem, *Die Kunst der Hethiter*, München 1961.
Aldred, Cyril, *Echnaton, Gott und Pharao Ägyptens*, Berg.-Gladbach 1968.
Ameline, Dr. M., u. Querzy, Dr. P., »Le pharaon Aménophis IV. Sa mentalité fut-il atteint de Lipodystrophie progressive?«, in *Revue Neurologique*, 1920.
Arnold, Dieter, *Wandrelief und Raumfunktikon in ägyptischen Tempeln des Neuen Reiches*, Berlin 1962.
Beckerath, Jürgen v., *Abriß der Geschichte des alten Ägypten*, München 1971.
Bezold, Carl, *The Tell El-Amarna Tablets in the British Museum*, London 1892.
Bille-De Mot, Eléonore, *Die Revolution des Pharao Echnaton*, München 1965.
Blackman, Aylward, *Das hunderttorige Theben*, Leipzig 1926.
Borchardt, Ludwig, *Die bunte Büste*, Berlin 1923.
–, *Portraits der Königin Nofretete*, Leipzig 1923.
Bratton, F. G., *A History of Egyptian Archaeology*, London 1967.
Breasted, Charles, *Vom Tal der Könige zu den Toren Babylons*, Stuttgart 1950.
Breasted, James Henry, *Geschichte Ägyptens*, Wien 1936.
Brunner-Traut, Emma, *Die alten Ägypter. Verborgenes Leben unter Pharaonen*, Stuttgart 1976.
Budge, Wallis, *By Nile and Tigris*, London 1920.
Campbell, Edward F., *The Chronology of the Amarna Letters*, Baltimore 1964.
Carter, Howard, *Five Years Explorations at Thebes, 1907–1911*, London 1912.
–, *Tut-ench-Amun. Ein ägyptisches Königsgrab*, Leizig 1927.
Cavainac, E., *Les Annales de Subbiluliuma*, Straßburg 1931.
Cottrell, Leonard, *The Lost Pharaohs*, London 1951.
Davies, Norman de Garis, *The Tomb of Two Sculptors at Thebes*, New York 1925.
Dawson, Warren R., *Mumification in Egypt*, London 1929.
Desroches-Noblecourt, Christiane, *Tut-ench-Amun. Leben und Tod eines Pharao*, Frankfurt/M. 1963 u. 1971.
Erman, Adolf, *Ägypten und ägyptisches Leben im Altertum*, Tübingen 1923.
–, *Die Hieroglyphen*, Berlin 1912.
–, *Die Literatur der Ägypter*, Leipzig 1923.
–, *Die Religion der Ägypter*, Berlin 1934.
Frankfort, Henri, *The Mural Painting of El-Amarneh*, London 1929.
Gardiner, Sir Alan, *Geschichte des alten Ägypten*, Stuttgart 1965.
Giles, Frederick J., *Ikhnaton. Legend and History*, London 1970.
Grapow, Hermann, *Ägyptisches Handwörterbuch*, Berlin 1921.

135

–, *Die Erforschung der altägyptischen Kultur im Rahmen der Akademie*, Berlin 1954.

Güterbock, Hans Gustav, *Chattische Texte*, Berlin 1935.

–, »The Deeds of Suppiluliuma as Told by his Son Mursilis II.«, in *Journal of Cuneiform Studies, X*, New Haven 1956.

–, *Hethitische Geschichtsschreibung*, Istanbul 1937.

–, *Keilschrifttexte aus Boghazköi*, Berlin 1960.

Hanke, Rainer, »Änderungen von Bildern und Inschriften während der Amarna-Zeit«, in *Studien zur ägyptischen Kultur*, Bd. 2, München 1975.

Harris, James E., u. Weeks, Kent R., *X-Raying the Pharaohs*, New York 1972.

Helck, Wolfgang, *Die Beziehungen Ägyptens zu Vorderasien im 3. und 2. Jahrtausend v. Chr.*, Wiesbaden 1962.

–, *Historische Inschriften Amenophis' III.*, Berlin 1957.

–, *Inschriften von Zeitgenossen Amenophis' III.*, Berlin 1958.

–, *Inschriften der Könige von Amenophis III. bis Haremhab*, Berlin 1958.

–, *Urkunden des ägyptischen Altertums. Urkunden der 18. Dynastie*, Berlin 1961.

–, *Zur Chronologie des Neuen Reiches*, Wiesbaden 1964.

–, und Otto, Eberhard, *Lexikon der Ägyptologie*, Bd. 1 Wiesbaden 1973.

Hornung, Erik, *Einführung in die Ägyptologie*, Darmstadt 1967.

–, *Das Grab des Haremhab im Tal der Könige*, Bern 1971.

–, *Untersuchungen zur Chronologie und Geschichte des Neuen Reiches*, Wiesbaden 1964.

Kees, Hermann, *Der Götterglaube im alten Ägypten*, Berlin 1956.

Kehrer, Hans E., *Der Hydrocephalus internus und externus*, Basel/New York 1955.

Klengel, Evelyn und Horst, *Die Hethiter*, Wien 1970.

Knudtzon, J. A., *Die El-Amarna-Tafeln*, Leipzig 1907/15.

Kühne, Cord, *Die Chronologie der internationalen Korrespondenz von El-Amarna*, Neukirchen 1973.

Lange, Kurt u. Hirmer, Max, *Ägypten. Architektur, Plastik, Malerei in 3 Jahrtausenden*, München 1975 (überarb. Neuausg.).

–, *Pyramiden – Sphinxe – Pharaonen. Wunder und Geheimnisse um eine große Kultur*, München 1952.

Lurker, Manfred, *Götter und Symbole der alten Ägypter*, Bern/München 1974.

Marinatos, Spyridon, *Kreta, Thera und das mykenische Hellas*, München 1973.

Maspero, Gaston, *The Tombs of Harmhabi and Touatankhamanou*, London 1912.

Matz, Friedrich, *Kreta, Mykene, Troja*, Stuttgart 1956.

Mekhitarian, Arpag, *La Peinture égyptienne*, Genf 1954.

Mercer, Samuel B., *The Tell El-Amarna-Tablets*, Toronto 1939.

Montet, Pierre, *So lebten die Ägypter vor 3000 Jahren*, Stuttgart 1960.

Michalowski, Kasimierz, *Ägypten. Kunst und Kultur*. Freiburg i. Br. 1969.

–, und Dziewanowski, Andrzej, *Karnak*, Wien 1970.

–, *Luxor*, Wien 1972.

Nofretete – Echnaton. Katalog der Ausstellung im Haus der Kunst, München, 17. 1. – 21. 3. 1976.

Otto, Eberhard, *Ägypten. Der Weg des Pharaonenreiches*, Stuttgart 1966.

Parrot, André, *Assur*, München 1961.
–, *Sumer*, München 1960.
Pendlebury, John D. S., *Tell El-Amarna*, London 1935.
Petrie, Sir W. M. Flinders, *A History of Egypt*, London 1922.
–, *Ten Years' Digging in Egypt, 1881–1891*, London 1892.
Pridrik, Alexander, *Wer war Mutemwija?* Dorpat 1932.
Ratié, Suzanne, *Hatschepsut. Die Frau auf dem Thron der Pharaonen*, Wiesbaden 1974.
Redford, Donald B., *History and Chronology of the Eighteenth Dynasty of Egypt*, Toronto 1967.
Riefstahl, Elizabeth, *Thebes in the Time of Amunhotep III.*, Oklahoma 1964.
Riemschneider, Margarete, *Die Welt der Hethiter*, Stuttgart 1954.
Riesterer, Peter P., und Lambelet, Kurt, *Das Ägyptische Museum Kairo*, Bern/München 1975.
Roeder, Günther, *Ägypter und Hethiter*, Leipzig 1919.
–, *Die ägyptische Religion*, 4 Bde., Zürich/Stuttgart 1959/61.
–, *Aus dem Leben vornehmer Ägypter*, Leizig 1912.
–, *Praktische Einführung in die Hieroglyphen und die ägyptische Sprache*, München 1926.
–, *Urkunden zur Religion des alten Ägypten*, Jena 1915.
Samson, Julia, *Amarna, City of Akhenaten and Nefertiti*, London 1972.
Schäfer, Heinrich, *Amarna in Religion und Kunst*, Berlin 1931.
–, *Das Bildnis im alten Ägypten*, Leipzig 1921.
Scharff, Alexander, *Ägyptische Sonnenlieder*, Berlin 1922.
–, und Moortgat, Anton, *Ägypten und Vorderasien im Altertum*, München 1962.
Schefold, Karl, *Die Griechen und ihre Nachbarn*, Bd. 1 der Propyläen Kunstgeschichte, Berlin 1967.
Schmökel, Hartmut, *Ur, Assur, Babylon*, Stuttgart 1955.
Schulze, Peter H., *Herrin beider Länder. Hatschepsut*, Berg.-Gladbach 1976.
Sethe, Kurt, *Amun und die acht Urgötter von Hermopolis*, Berlin 1929.
–, *Urgeschichte und älteste Religion der Ägypter*, Leipzig 1930.
Settgast, Jürgen, *Bestattungsdarstellungen Ägyptens*, Glückstadt 1963.
Silverberg, Robert, *Akhnaten, the Rebel Pharaoh*, Philadelphia 1964.
Smith, Ray Winfield, »Computer Helps Scholars Re-create an Egyptian Temple«, in *National Geographic Magazine*, Nov. 1970.
Steindorff, Georg, *Ägypten vor Tut-ench-Amun*, Leipzig 1927.
–, *Die ägyptischen Gaue und ihre politische Entwicklung*, Leipzig 1909.
–, *Die Blütezeit des Pharaonenreiches*, Leipzig 1926.
–, und Wolf, Walter, *Die thebanische Gräberwelt*, Glückstadt 1936.
Strommenger, Eva, *Fünf Jahrtausende Mesopotamien*, München 1962.
Timme, Paul, *Tell El-Amarna vor der deutschen Ausgrabung in Jahre 1911*, Leipzig 1917.
Tompkins, Peter, *Cheops*, Bern/München 1975.
Vandenberg, Philipp, *Der Fluch der Pharaonen*, Bern/München 1973.
–, *Nofretete. Eine archäologische Biographie*, Bern/München 1975.

Vandersleyen, Claude, *Das Alte Ägypten*, Bd. 15 der Propyläen Kunstgeschichte, Berlin 1975.

Velikowsky, Immanuel, *Ödipus und Echnaton*, Zürich 1966.

Weigall, Arthur, *Echnaton, König von Ägypten, und seine Zeit*, Basel 1923.

–, *A History of the Pharaohs*, 2 Bde., London 1925.

Wells, Evelyn, *Nefertiti*, London 1964.

Wiedemann, Alfred, *Der Tierkult der alten Ägypter*, Leipzig 1912.

Wilson, John Albert, *Signs and Wonders upon Pharaoh*, Chicago 1964.

–, *Thousands of Years. An Archaeologist's Search for Ancient Egypt*, New York 1972.

Winckler, Hugo, *Nach Boghazköi*, Leizig 1913.

Woldering, Irmgard, *Ägypten. Die Kunst der Pharaonen*, Baden-Baden 1964.

Wolf, Walther, *Das alte Ägypten*, München 1971.

–, *Funde in Ägypten*, Göttingen 1966.

Woolley, Charles Leonard, und Peet, Thomas E., *Tell el-Amarna. The City of Akhenaten*, London 1923.

Bildquellenverzeichnis

Ägyptisches Museum, Staatliche Museen Preußischer Kulturbesitz, Berlin-Charlottenburg: 28 unten und rechts oben, 59, 60 unten, 70, 81, 84
Andrzej Dziewanowski, Warschau: 16
Kurt Flimm, Karlsruhe: 106
Kestner-Museum (Abt. Ägyptologie), Hannover: 11, 36/37
Gerhard R. Hauptmann, Berlin: 8, 9, 117, 120
Foto-Hinz, Basel: 74/75
Hirmer-Fotoarchiv, München: 82, 83, 86, 88, 99, 122 unten, 126/127
Ägyptisches Museum, Kairo: 114
Bildarchiv Foto Marburg, Marburg: 6, 14, 43, 51, 55, 58 unten, 67, 111
Staatliche Sammlung Ägyptischer Kunst, München: 34
Brooklyn Museum, New York: 62, 65
Metropolitan Museum, New York: 45, 122 oben
Ashmolean Museum, Oxford: 90
Günter R. Reitz, Hannover: 124
Réunion des Musées Nationaux, Paris: 68
Smithsonian Institution, New York: 95
Philipp Vandenberg, Baiernrain: 18, 19, 44, 47, 48, 57, 60 oben, 64, 107
Zeichnungen aus: *Norman de Garis Davies:* The Rock Tombs of El Amarna, Bd. 6, London 1908, 52, 103, 105

Farbbilder in der Reihenfolge ihres Erscheinens:

Günter R. Reitz, Hannover; Staatliche Sammlung Ägyptischer Kunst, München; Kurt Flimm, Karlsruhe; Philipp Vandenberg, Baiernrain; Günter Reitz, Hannover (2×); Philipp Vandenberg, Baiernrain; Hirmer-Fotoarchiv, München (2×); Ägyptisches Museum, Kairo; Hirmer-Fotoarchiv (3×); Philipp Vandenberg, Baiernrain; Ägyptisches Museum, Kairo (2×); Philipp Vandenberg, Baiernrain (2×)

Autor und Verlag danken folgenden Museen und Sammlungen:

Archäologisches Museum, Ankara
Archäologisches Nationalmuseum, Athen
Iraq Museum, Bagdad
Ägyptisches Museum, Berlin-Charlottenburg
Neues Museum, Berlin (DDR)
Museum of Fine Arts, Boston
Kestner-Museum, Hannover
Roemer-Pelizaeus-Museum, Hildesheim
Palestine Archaeological Museum, Jerusalem
Ägyptisches Museum, Kairo
Museum von Herakleion, Kreta
Rijksmuseum van Oudheden, Leiden
Britisches Museum, London
Egypt Exploration Society, London
Staatliche Sammlung Ägyptischer Kunst, München
Brooklyn Museum, New York
Metropolitan Museum, New York
Ashmolean Museum, Oxford
Louvre, Paris

Personen- und Sachregister

144